일러두기

《한눈에 펼쳐보는 문화유산 그림책》은 우리 문화유산과 역사를 연표와 함께
사진과 그림으로 알기 쉽게 엮은 책으로 자세한 내용은 다음과 같습니다.

1. 선사 시대부터 대한제국까지 시대별 주요 문화유산을 역사 연표를 기준으로 정리했습니다.
2. 우리나라 역사의 흐름을 익히는 데 도움이 되도록 역사적 사건과 문화유산이 만들어지던
   시대의 사회적 배경에 대해서도 함께 서술했습니다.
3. 이 책에 소개한 문화유산의 이름은 '문화재청'에 등재된 이름으로 표기했습니다.
4. 〈한눈에 쏙!〉에는 시대별 문화유산의 특징을 간략하게 정리하여 이해를 도왔습니다.

한 눈에 펼쳐 보는

문화유산
그림책

글 이광표 | 그림 이혁

차례

선사 시대의 문화유산 · 4

선사 시대는 도구를 기준으로 하여 구석기-신석기-청동기-철기 시대로 나누어요. 청동기 시대에 이르러 금속으로 도구를 만들면서 문명은 더욱 발전했어요.

선사 시대가 한눈에 쏙! · 7

정문경

농경문 청동기

고려 시대의 문화유산 · 20

하남 철조 석가여래 좌상

청자 상감 운학문 매병

〈수월관음도〉

고려청자와 팔만대장경 등을 통해 높은 수준의 고려 문화와 과학 기술을 엿볼 수 있어요. 특히 불교 국가였던 고려에서 제작된 불화는 섬세하고 화려한 걸작으로 평가돼요.

고려 시대가 한눈에 쏙! · 27

조선 시대의 문화유산 · 28

조선 시대는 유교 국가였기 때문에 조선의 문화유산은 삼국이나 통일 신라, 고려 등 불교 시대의 문화유산과 차이가 있어요. 유교적 정신을 반영한 것이 많이 전해 와요.

조선 시대가 한눈에 쏙! · 35

공주 충청감영 측우기

경복궁 근정전

〈단오풍정〉

삼국 시대의 문화유산 · 8

삼국 시대에는 한반도의 문화와 문명이 높은 수준으로 발전해 나가기 시작했어요. 고구려, 백제, 신라가 불교를 받아들이면서 많은 불교 문화유산이 만들어졌어요.

삼국 시대가 한눈에 쏙! · 13

금동 연가7년명 여래 입상

무령왕 금제 관식

부여 정림사지 5층 석탑

남북국 시대의 문화유산 · 14

남북국 시대는 한반도 남쪽에는 통일 신라가, 북쪽에는 발해가 있었던 시대를 뜻해요. 신라는 삼국을 통일했다는 자신감과 불교의 믿음이 어우러져 문화 예술을 꽃피웠어요.

남북국 시대가 한눈에 쏙! · 19

경주 동궁과 월지

성덕대왕 신종

근대의 문화유산 · 36

당시 우리나라는 서양의 선진 문물을 받아들이기보다는 교류를 막는 쇄국에 치중했어요. 19세기 말부터 서양에서 신문물이 밀려 들어왔고 그 흔적이 근대 건축물에 많이 남아 있어요.

근대가 한눈에 쏙! · 39

서울 독립문

서울 명동성당

찾아보기 · 40

선사 시대의 문화유산

선사 시대는 도구를 기준으로 하여 구석기-신석기-청동기-철기 시대로 나누어요.
청동기 시대에 이르러 금속으로 도구를 만들면서 문명은 더욱 발전했어요.

구석기 시대

70만 년 전 ~ 1만 년 전

한반도의 구석기 시대 유적

경기도에 있는 연천 전곡리 유적(사적)은 구석기 시대 유적이에요. 구석기인들이 사용했던 주먹도끼, 사냥돌, 찌르개 등 다양한 종류의 석기가 출토되었어요. 금강 주변에 있는 공주 석장리 유적(사적)도 중요한 유적이에요. 찍개, 긁개, 주먹도끼, 새기개 등의 석기류가 다양하게 출토되었어요.

구석기인이 생활했던 동굴

구석기 시대 사람들은 주로 자연 동굴이나 바위 그늘을 주거지로 삼았어요. 동굴에는 구석기인들의 삶의 흔적이 남아 있는 경우가 많지요. 충북의 청원 두루봉 동굴, 제주 어음리 빌레못 동굴 등이 대표적인 구석기 동굴 유적이에요.

생활 도구 뗀석기

구석기 시대의 사람들은 돌을 생활 도구로 사용했어요. 돌에 돌을 부딪혀 원하는 모양으로 다듬어 사용했지요. 돌을 떼서 도구를 만들었다고 해서 '뗀석기'라고 불러요.

신석기 시대

기원전 8000년 ~ 기원전 1000년

농사를 짓기 시작한 신석기인

신석기 시대의 가장 큰 특징은 농사를 짓고 정착 생활을 시작했다는 점이에요. 농사를 지어 수확한 곡물을 저장할 그릇도 처음 만들게 되었어요.

기원전 8000년경 고산리식 토기 만듦

생활 도구 간석기

신석기 시대 사람들은 간석기를 사용했어요. 간석기는 돌을 갈아 만든 도구를 말해요. 돌을 갈았다고 해서 한자로는 마제석기(磨製石器)라고도 부르지요. 돌을 갈아 만들었기 때문에 도구는 이전에 비해 훨씬 정교하고 다양해졌어요.

그릇의 발명

우리나라 최초의 토기는 약 1만 년 전(기원전 8000년경)에 제주 지역에서 만든 무늬가 없는 고산리식 토기예요. 이어서 약 8000년 전에는 덧무늬 토기가 있었어요. 약 7000~6000년 전에 만든 빗살무늬 토기는 신석기 시대 사람들이 음식물을 저장하는 데 사용했던 그릇이지요. 그릇의 발명은 일상생활에 커다란 발전을 가져왔어요.

덧무늬 토기

얼굴 무늬 조개와 예술의 탄생

부산 동삼동 패총에서 발견된 조개껍데기를 보면 구멍이 뚫려 있어요. 신석기 시대 사람들이 사람 얼굴을 표현하기 위해 일부러 구멍을 뚫은 것이라고 추측해요.

기원전 2333년
고조선 건국

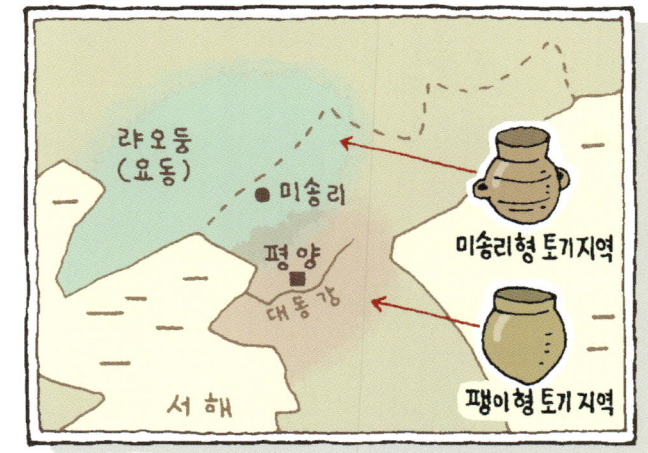

고조선의 문화유산

우리나라 최초의 국가인 고조선은 단군왕검이 기원전 2333년 세운 것으로 알려져 있어요. 하지만 학자들은 대부분 기원전 7세기 전후에 청동기 문화를 바탕으로 고조선이 세워져 기원전 108년 한나라에 멸망할 때까지를 고조선의 역사로 보고 있어요. 고조선 사람들이 살았던 랴오둥 지역에서는 '미송리형 토기'가, 한반도 서북부 지역에서는 '팽이형 토기'가 발견되고 있지요. 미송리형 토기는 몸체에 손잡이가 달려 있는 모양으로, 평안북도 의주군 미송리에서 먼저 발굴되었기 때문에 미송리형이라는 이름이 붙었어요. 팽이형 토기는 전체적인 모양이 팽이 같다고 해서 붙여진 이름이며, 평양의 대동강 인근에서 많이 발견되었어요. 미송리형 토기와 팽이형 토기가 발견되는 곳은 옛 고조선의 영토였다고 볼 수 있지요.

미송리형 토기

청동기 시대

기원전 10세기
~ 기원전 3세기

금속 혁명과 계급의 발생

구석기와 신석기 시대는 돌로 도구를 만들어 사용했고 청동기 시대는 금속을 사용해 도구를 만들었던 시대예요. 이렇게 만든 도구는 석기보다 훨씬 강해 오랫동안 사용할 수 있었어요. 그러나 청동기는 강하고 편리한 만큼 만들기가 어려웠어요. 그래서 계급이 높은 지배 계층만 가질 수 있었고 권력과 힘의 상징이었지요.

농경문 청동기

기원전 5~4세기, 보물, 국립중앙박물관

청동기 시대 사람들이 농사와 관련된 의식에 사용한 도구예요. 땅을 일굴 때 쓰는 농기구인 따비로 밭을 갈고 있는 사람의 모습이 새겨져 있어요. 청동기 시대에 벼농사를 지었다는 것을 증명하는 매우 소중한 문화유산이지요.

앞면   뒷면

정문경

기원전 4~3세기, 국보, 지름 21.2cm, 숭실대학교박물관

청동 거울은 청동기 시대를 대표하는 금속 공예품으로 우리나라 곳곳에서 출토되었어요. 정문경은 그중에서도 최고로 꼽히며, 정교한 무늬가 있는 거울이라는 뜻이에요. '청동 잔무늬 거울', '다뉴세문경'이라고도 해요. 거울은 동심원 100여 개와 직선 1만 3000여 개가 0.3mm 간격으로 주조되어 있어요. 우리나라 청동기 시대의 금속 공예 기술이 어느 정도 뛰어났는지 알 수 있는 유물이에요.

반달 모양 돌칼

청동기 시대에 널리 쓰인 농사용 도구예요. 돌칼이라고 부르지만 칼은 아니고 벼 이삭 등을 하나하나 따거나 훑어 내는 데 사용했어요.

청동기 시대의 토기

청동기 시대 사람들은 무늬 없는 토기를 만들어 사용했어요. 무늬 없는 토기(민무늬 토기)는 표면에 아무런 장식이 없다고 해서 붙여진 이름이에요.

울주 대곡리 반구대 암각화

국보, 울산 울주군 언양읍 대곡리

암각화는 바위에 새긴 그림을 말해요. 반구대 암각화에는 당시 사람들의 일상이 구체적으로 표현되어 있어요.

반구대 암각화 탁본

선사 시대의 문화유산 5

청동기 시대의 무덤, 고인돌

고인돌은 청동기 시대의 대표적인 무덤이에요. 돌을 괴어 만들었다고 해서 '고인돌'이라고 부르지요. 고인돌 내부에서는 청동기 시대 사람들이 사용했던 청동검 등의 청동기와 각종 석기, 토기 등이 발견됐어요.

북방식 고인돌

남방식 고인돌

고인돌을 만드는 과정

1. 고인돌을 만들기 위해서는 먼저 옮긴 돌을 튼튼하게 세워요.

2. 이것을 받침돌로 하여 흙을 쌓아 나지막한 동산을 만들어요.

3. 동산의 경사면을 이용해 덮개돌을 끌고 올라가 받침돌 위에 올려요.

4. 그 다음, 받침돌 높이로 쌓았던 흙을 다시 파내면 고인돌이 완성돼요.

철기 시대

기원전 4세기 ~ 기원후 3세기

기원전 108년 고조선 멸망

철기의 등장으로 철제 농기구 발달

우리나라에서 철기가 활발하게 제작되어 널리 사용되기 시작한 것은 대략 기원전 1세기 무렵이라고 보고 있어요. 철기의 사용은 생활에 커다란 변화를 가져왔어요. 호미, 괭이, 낫 등의 농기구를 비롯해 칼과 창, 화살촉 등의 무기를 철로 만들었지요. 청동기에 비해 훨씬 강하고 견고하기 때문에 오랫동안 사용할 수 있고 농사일에도 더 효과적이었어요.

바퀴의 발명

광주 신창동 유적(사적)은 철기 시대 유적 중 가장 대표적인 곳으로 영산강 유역의 낮은 평야 지대에 자리해 있어요. 이곳에서는 수레바퀴 일부가 발견되었어요. 전문가들은 이것을 단순한 운반용이 아니라 지배 계급이 타고 다녔던 마차로 추정하고 있어요.

오리 모양 토기

옛사람들은 새 뼈나 깃털을 무덤에 넣거나 아예 새 모양으로 토기를 만들어 무덤에 넣기도 했어요. 이는 새가 죽은 사람의 영혼을 하늘로 인도한다고 믿었기 때문이에요.

선사 시대가 한눈에 쏙!

선사 시대는 문자를 만들어 사용하기 이전 시대로 수백만 년 전 구석기 시대부터 신석기 시대, 청동기 시대를 거쳐 3세기 전후 철기 시대까지를 가리켜요. 선사는 '역사 이전' 또는 '문자 이전'이라는 뜻이지요. 이 시기는 인류가 등장해 직립 보행을 하고 생활 도구를 만들기 시작하던 때였어요. 특히 청동기 시대에 금속으로 도구와 무기를 만들고 벼를 재배하기 시작했어요. 이와 함께 기술력과 생활 수준, 전쟁 능력이 발전하고 부족을 형성해 지배와 피지배의 관계도 나타났으며 본격적인 문화 예술도 시작됐어요.

구석기 시대

한반도에서 구석기 시대가 시작된 것은 지금으로부터 약 70만 년 전이에요. 당시 사람들은 주로 동굴이나 물가에 살면서 물고기 잡이, 식물 채집 등을 하며 생활을 했어요. 구석기 시대의 대표적 도구는 주먹도끼, 사냥돌, 찌르개 등과 같이 돌을 깨뜨려 만들었는데 이를 뗀석기(타제석기)라고 부르지요. 우리나라의 구석기 유적으로는 경기 연천군 전곡리 선사 유적, 충남 공주군 석장리 구석기 유적, 충북 제천시 점말동굴 유적 등이 있어요.

신석기 시대

한반도에서 기원전 8000년경 신석기 시대가 되면서 농사를 짓고 한곳에 머물며 정착 생활을 시작했어요. 돌을 갈아서 만든 간석기(마제석기)를 생활 도구로 활용했고, 곡물을 담아 놓을 수 있는 토기를 만들었어요. 이 시기의 가장 대표적인 토기는 빗살무늬 토기예요. 또한 움막집을 짓고 살기 시작했어요. 바닷가의 패총은 중요한 생활 흔적이에요. 패총은 당시 사람들이 조개를 먹고 버린 쓰레기 더미로 당시의 일상생활을 엿볼 수 있는 유물들이 많이 출토되고 있어요.

청동기 시대

한반도의 청동기 시대는 기원전 10세기경에 시작되었어요. 청동기 시대가 되면서 사람들은 벼농사를 짓기 시작했어요. 이때부터 식량을 안정되게 확보할 수 있게 되었어요. 그래서 벼농사의 시작을 '농업 혁명'이라고 불러요.
청동기 시대에는 청동이라는 금속으로 생활 도구와 무기를 만들게 되면서 생산력이 향상되었고, 청동을 소유한 사람은 권력을 지니게 되었지요. 이를 통해 독자적인 정치 세력이 형성되기 시작했어요.

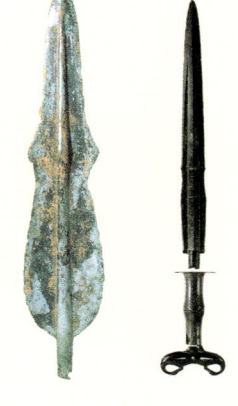

철기 시대

청동기 문화가 한창 발전하던 기원전 4세기~기원전 3세기경부터 철기를 사용했어요. 철기 시대는 한반도에 본격적인 고대 국가가 등장하기 시작하는 시기라는 점에서 큰 의미가 있어요. 부여, 옥저, 동예, 삼한 등이 그것인데 이들이 앞으로 고구려, 백제, 신라의 토대가 되었지요. 따라서 이 시대를 삼국의 뿌리가 되었다는 의미로 '원삼국 시대'라고 부르기도 해요.

똑똑해지는 문화유산 퀴즈

01 구석기인들의 생활 도구는 무엇인가요?
02 농사를 짓기 시작한 시기는 언제인가요?
03 신석기 시대 사람들의 생활 도구 이름은 무엇인가요?
04 금속을 사용한 도구를 처음 만들었던 시대는 언제인가요?
05 청동기 시대의 대표적인 무덤은 무엇인가요?
06 철제 농기구가 발달해 사용되기 시작한 시대는 언제인가요?

정답 01 뗀석기 / 02 신석기 시대 / 03 간석기 / 04 청동기 시대 / 05 고인돌 / 06 철기 시대

삼국 시대의 문화유산

삼국 시대에는 한반도의 문화와 문명이 높은 수준으로 발전해 나가기 시작했어요.
고구려, 백제, 신라가 불교를 받아들이면서 많은 불교 문화유산이 만들어졌어요.

고구려

194년 진대법 실시

고구려의 기틀을 마련한 수도, 국내성

고구려는 기원전 1세기경 지금의 중국 환런현 오녀산성에 나라를 세웠어요. 그 후 유리왕 때인 기원후 3년에 지금의 지린성 지안 지역 국내성으로 수도를 옮겼지요. 이곳에서 고구려는 국가의 기틀을 확립하고 동아시아의 우두머리로 계속해서 발전했어요.

357년 안악 3호분 축조

372년 불교 전래

고구려의 기상을 보여 주는 벽화 고분

벽화가 그려진 고분을 '벽화 고분'이라고 해요. 고구려 벽화 고분은 우리나라를 대표하는 문화유산으로, 고구려 사람들의 일상생활 풍속과 정신세계를 잘 담고 있어요. 지금까지 100여 기의 벽화 고분이 알려져 있어요.

안악 3호분 〈행렬도〉

375년, 북한 황해남도 안악군

안악 3호분의 벽에는 〈행렬도〉가 그려져 있어요. 수레를 타고 가는 주인공(왕으로 추정)이 가운데 있고, 그 앞뒤로 기수, 기마병, 보병, 군악대, 시녀 등 250여 명이 질서 정연하게 행진을 하고 있어요. 사람들의 모습은 모두 살아 있는 듯 생생하고 당당하며, 화면의 색감 역시 화려하고 아름다워요.

해뚫음무늬 금동장식

4~5세기, 높이 15cm, 길이 22.8cm, 평양 조선중앙역사박물관

평양에 있는 고구려 진파리 7호분에서 출토된 장식이에요. 한가운데 2겹의 원 안에는 태양을 상징하는 삼족오를 새기고, 그 아래쪽 좌우에는 2마리의 용을, 태양 위쪽에는 봉황을 표현했어요.

불꽃뚫음무늬 금동보관

4~5세기, 높이 26cm, 길이 33cm, 평양 조선중앙역사박물관

보관의 테두리에는 넝쿨무늬를, 그 위로 불꽃무늬와 구름무늬를 표현했으며, 양쪽에는 옷고름 모양의 드리개를 늘어뜨렸어요. 불꽃 장식이 고구려의 힘찬 기상을 잘 표현했어요.

414년 광개토대왕릉비 세움

427년 평양으로 수도를 옮김

장군총

4세기 말~5세기 초, 높이 13m, 중국 지린성 지안시

장군총은 벽화는 없지만 대표적인 고구려 고분이에요. 길쭉하게 다듬은 화강암을 7단으로 쌓아 올려 피라미드 모양을 하고 있으며, 기단의 한 변의 길이는 33m로 거대한 규모예요. 장군총은 2004년 유네스코 세계유산으로 지정되었어요.

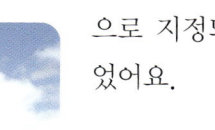

평양성

평양성은 평양을 대표하는 문화유산이며, 원래 이름은 '장안성'이에요. 평양성은 외성, 중성, 내성, 북성 4개의 성으로 이루어져 있어요. 외성, 중성, 내성은 고구려 때인 566년에 짓기 시작해 593년에 완성한 것으로 알려져 있어요. 북성은 18세기 조선 시대에 지었지요. 평양 지역의 문화유산은 평양성에 밀집되어 있어요.

475년
백제 수도
한성(서울) 점령

612년
살수대첩 승리

668년
고구려 멸망

무용총 〈수렵도〉
5세기 초, 중국 지린성 지안시

무용총 〈수렵도〉는 고구려 사람들이 어떻게 사냥을 즐겼는지 보여 주는 귀중한 벽화예요. 활을 겨누며 말을 타는 고구려 사람들의 모습과 사력을 다해 달아나는 산짐승들이 모두 역동적으로 그려져 있어요.

광개토대왕릉비
414년, 높이 6.39m, 중국 지린성 지안시

고구려 장수왕이 아버지인 광개토대왕의 업적을 기리기 위해 만들었어요. 당시 수도였던 중국 지린성 지안시에 세웠어요. 이 석비에는 '광개토대왕이 64개의 성(城)과 1400개의 촌(村)을 공격해 물리쳤다'는 내용 등이 새겨져 있지요.

금동 연가7년명 여래 입상
539년, 국보, 높이 16.2cm, 국립중앙박물관

우리나라 불상 가운데 가장 오래된 불상이에요. '연가7년명'은 연가7년(539년)이라는 글씨가 새겨져 있다는 뜻이고, '금동 여래 입상'은 금동으로 만든 부처(여래)의 서 있는 모습이라는 뜻이에요.

고구려의 마지막 수도, 평양

평양은 고구려의 마지막 수도였어요. 고구려 관련 유적과 유물이 많이 남아 있지요. 대표적인 유적으로는 고구려 평양을 지키기 위해 세웠던 대성산성과 평양성이에요. 이 성벽들은 약 1500년의 세월을 견뎌 냈으며, 지금도 당당히 그 모습을 지키고 있어요.

백제

372년
근초고왕, 일본에
칠지도 하사

384년
불교 전래

475년
웅진(공주)으로
수도를 옮김

525년
공주 무령왕릉
축조

수도를 두 번 옮긴 백제

백제의 첫 번째 수도는 서울이었고, 그때 이름은 '한성'이었어요. 당시 한성은 지금의 강동구 송파구 일대에 해당해요. 하지만 5세기에 들어서면서 고구려가 남진 정책을 폈고, 백제는 이에 밀리면서 한강 유역을 내주고 공주로 수도를 옮겼어요.

공주는 백제의 두 번째 수도였고, 당시에는 '웅진'이라고 불렀어요. 공주 지역 곳곳에는 5세기 말~6세기 초 백제 문화의 흔적이 살아 숨쉬고 있어요. 부여는 백제의 마지막 수도로, 당시 이름은 '사비'였어요. 부여에는 백제의 흔적을 보여 주는 유물과 유적들이 많이 있어요.

무령왕릉의 발굴과 유물

충남 공주시에 있는 이 무덤은 백제 25대왕인 무령왕(재위 501~523년) 부부의 것으로 확인되었어요. 그동안 발굴 조사가 이뤄진 고대의 고분 가운데 주인이 밝혀진 유일한 무덤이에요. 무령왕릉의 내부는 벽돌을 쌓아 만든 벽돌 무덤으로 우아하고 아름다워요. 화려한 금제 관식과 장식물을 비롯해 모두 5200여 점의 귀한 문화유산이 쏟아져 나왔어요.

무령왕 금제 관식
6세기, 국보, 높이 각 30.7cm, 29.2cm, 국립공주박물관

금제 관식은 무령왕릉 출토품 중 가장 대표적인 유물로 꼽히지요. 금제 관식이란 머리에 쓰는 관을 꾸미는 장식물로 금판을 뚫어서 만들었으며, 관의 좌우에 장식용으로 달았던 것이에요.

무령왕비 금동 신발
6세기, 길이 35cm, 국립공주박물관

무령왕릉의 왕비 발치에서 발견된 신발이에요. 3장의 금동판을 연결해서 만들었고, 바닥에는 10개의 침을 붙였어요. 금동판 표면은 넝쿨, 봉황, 거북 무늬 등으로 장식했어요.

삼국 시대의 문화유산

538년
사비(부여)로
수도를 옮김

부여 군수리 금동 보살 입상
6세기, 보물, 높이 11.2cm, 국립부여박물관

백제 불상은 대체로 부드럽고 온화한 모습이에요. 볼이 약간 통통하며, 엷은 미소를 머금고 있어요. 눈은 살짝 아래를 내려다보고 있는데, 엄숙함 대신 편안하고 친근한 모습이지요.

서산 용현리 마애여래 삼존상
6세기 말~7세기 초, 국보, 충남 서산시 운산면

가장 오래된 마애불로 '마애불'은 바위에 새긴 불상을 말해요. 서산 용현리 마애여래 삼존상은 특유의 미소로 유명해요. 특히 본존불의 미소는 근엄함보다는 해맑고 친근하며 편안한 느낌이에요. 그래서 '순수의 미소'라고 부르곤 해요.

익산 미륵사지 석탑
639년, 국보, 높이 14.2m, 전북 익산시 금마면

우리나라에 남아 있는 석탑 가운데 가장 오래되고 가장 큰 탑이에요. 그 모양이 목조 건물과 비슷해요. 탑의 1층 몸체(탑신)에 문과 기둥이 있어요. 이것은 목조 건축물의 모습을 옮겨 놓았기 때문이에요.

부여 정림사지 5층 석탑
7세기 초, 국보, 높이 8.33m, 정림사지박물관

백제의 탑 가운데 가장 아름다운 탑이에요. 부여 정림사지 5층 석탑은 화려하거나 장식적이지 않고, 간결하며 단정한 아름다움을 자랑해요. 1층의 몸체에는 당나라 장수 소정방이 새겨 놓은 글귀가 있어요.

660년
백제 멸망

금동 미륵보살 반가사유상
7세기 전기, 국보, 높이 93.5cm, 국립중앙박물관

금동 미륵보살 반가사유상은 석굴암과 함께 우리나라 불교 조각의 최고봉으로 꼽히는 명품이에요. 중생을 구제하기 위해 깊게 고뇌하는 미륵보살의 모습을 표현한 것이에요. 고구려, 백제, 신라 가운데 정확하게 어느 나라에서 만들었는지 단정할 수는 없지만, 백제나 신라에서 만든 것으로 보는 의견이 많아요. 삼국 시대에는 반가사유상을 많이 만들었어요. '반가사유상'은 한쪽 발을 다른 무릎에 올려놓고(반가) 앉아 한 손을 뺨에 살짝 갖다 댄 채 깊은 사색에 빠져 있는 보살을 형상화한 불교 조각이에요.

신라

5세기 전후
대형 고분을 만듦

502년
지증왕,
순장 금지령 내림

527년
법흥왕,
신라 불교 공인

신라의 천년 고도, 경주

경주의 옛 이름은 '서라벌'이며, 고구려와 백제를 통일한 신라의 수도였어요. 경주를 수도로 정한 신라는 1000년 가까이 수도를 바꾸지 않았지요. 그래서 경주를 '천년 고도'라고 해요. 경주에는 역사적 문화유산들이 많이 남아 있어요. 왕들의 무덤, 절터와 석탑, 연못 등 경주 곳곳에서 신라 1000년의 흔적을 만날 수 있지요.

황남대총
5세기, 경북 경주시 황남동

황남대총은 5세기 전후에 만들어진 부부 묘로 표주박 모양의 쌍분(나란히 쓴 부부의 무덤)이에요. 우리나라에서 가장 큰 고분이지요. 금관, 금동관 등 각종 황금 장신구를 비롯해 5만 8000여 점의 유물이 출토되었어요.

6세기
불상을
활발하게 제작

560년경
신라 진흥왕
순수비 세움

569년
경주 황룡사
완공(현재는
터만 남음)

6세기경
경주 천마총
만듦

삼국의 불교 전래와 불상

'불상'은 부처의 모습을 형상화한 조각물을 말해요. 그런데 석가모니 부처의 모습이 정확하게 전해지는 것이 아니어서 부처의 얼굴이나 몸을 표현하는 방식은 시대와 장소에 따라 다르게 나타나요. 우리나라에는 불교가 4세기 후반에 들어왔지만 불상을 본격적으로 제작하기 시작한 것은 6세기부터였어요. 고구려의 불상은 힘이 넘치고, 백제의 불상은 부드럽고 온화한 것이 특징이에요. 신라의 불상은 풍요로운 느낌이지요.

신라 진흥왕의 4대 순수비

서울 북한산 신라 진흥왕 순수비, 창녕 신라 진흥왕 척경비, 북한에 있는 마운령 신라 진흥왕 순수비, 황초령 신라 진흥왕 순수비를 '신라 진흥왕의 4대 순수비'라고 해요. 신라 영토로 확장시킨 내용과 사람들의 이름 등이 적혀 있어요.

서울 북한산 신라 진흥왕 순수비

560년경, 국보, 높이 1.54m, 국립중앙박물관

신라 진흥왕이 한강 유역을 점령한 뒤, 560년경 이곳을 방문한 것을 기념하기 위해 세운 석비예요. 진흥왕 순수비는 북한산 비봉에 있었으나 야외에 그대로 둘 경우 훼손이 심해질 것을 우려해 국립중앙박물관으로 옮겨 전시하고 있어요.

경주 부부총 금귀걸이

5세기, 국보, 길이 8.7cm, 국립중앙박물관

1915년 부부총에서 출토된 금귀걸이로 지금까지 발견된 신라 귀걸이 가운데 가장 정교하고 화려해요. 수백 개의 작은 금 알갱이로 거북등무늬 모양의 칸을 나누어 그 안에 꽃을 표현했어요.

경주 천마총 〈장니 천마도〉

6세기, 국보, 75×53cm, 국립경주박물관

흔히 '천마도'라고 줄여서 불러요. '장니'는 말을 탄 사람의 옷에 흙이 튀지 않도록 말의 안장에 매달아 늘어뜨리는 장비를 가리켜요. 여기에 상상의 동물인 천마(하늘을 나는 날개 달린 말)를 그려 넣은 것이 바로 천마도예요.

경주 첨성대

632년경, 국보, 높이 약 9m, 경북 경주시 인왕동

동양에서 가장 오래된 천문대로 유명해요. 몸체는 그리 크지 않지만 외곽의 부드럽고 세련된 곡선미를 자랑해요. 첨성대 중간의 작은 출입구(창문)를 이용해 꼭대기로 올라가 기구를 올려놓고 천문을 관측했던 것으로 추정해요.

우리나라 대표 문화유산, 신라 금관

신라 금관은 경주의 황남대총 북분 금관, 금관총 금관, 서봉총 금관, 금령총 금관, 천마총 금관, 교동 고분 금관이에요.

금관들은 테두리 위로 모두 출(出)자 모양의 나뭇가지 장식과 사슴뿔 모양의 장식을 세우고, 거기에 금과 옥을 화려하게 달았어요.

황남대총 북분 금관

645년
황룡사 9층 목탑
세움

660년
백제 멸망시킴

668년
고구려 멸망시킴

676년
당을 축출하고
삼국을 통일함

경주 분황사 모전 석탑
634년, 국보, 높이 9.3m, 경북 경주시 구황동

현재 남아 있는 신라 석탑 가운데 가장 오래됐어요. '모전 석탑'은 벽돌 모양의 돌로 지은 탑이라는 뜻이지요. 벽돌은 흙을 구워 만든 것이지만, 이 탑은 돌을 벽돌처럼 작게 다듬어 촘촘히 쌓아 올려 만든 탑이에요.

황룡사 9층 목탑
645년, 높이 80m, 경북 경주시 구황동

황룡사에 9층 목탑을 세운 것은 선덕여왕 때인 645년이었어요. 9층은 중국, 일본 등 주변의 9개의 나라를 물리치겠다는 뜻을 표현한 것이에요. 황룡사 9층 목탑은 높이가 80m에 달했어요. 그러나 고려 때 몽골 침략으로 불에 타 사라져 버렸어요.

황룡사 9층 목탑 복원 모형

고구려, 백제의 멸망과 신라의 삼국 통일

7세기 들어 신라는 중국 당나라와 친선 관계를 유지하고 고구려, 백제와 전쟁을 치르면서 영토를 확장해 나갔어요. 김유신이 이끄는 신라군과 소정방의 당나라군은 660년 충남 논산 황산벌 전투에서 계백의 백제군을 물리치고 백제를 멸망시켰어요. 신라와 당나라 연합군은 이어 668년에는 고구려를 공격해 평양성을 함락시켰어요. 이후 신라는 한반도를 차지하려는 당나라를 밀어내고 대동강 원산만 이남의 땅을 차지해 삼국을 통일했어요.

가야

1세기
경상도
남해안 일대에
가야연맹체 등장

철의 나라, 가야

가야는 기원 전후부터 562년까지 낙동강 하류 지역에 있던 금관가야, 대가야, 소가야 등 여러 국가를 한데 모아 부르는 말이에요. 철을 잘 다루었던 가야를 흔히 '철의 나라'라고 불러요. 가야의 고분은 주로 경북 고령과 경남 김해, 함안, 창녕 등지에 많이 있는데 철의 나라답게 다양한 철제 무기류가 출토됐어요. 특히 철제 판갑옷이나 철제 투구, 철제 말 갑옷 등은 고구려, 백제, 신라 등 다른 고대 국가에서는 찾아보기 힘든 무기예요.

철제 판갑옷
5세기, 높이 70cm, 국립김해박물관

철제 판갑옷은 철판으로 만든 갑옷이에요. 판갑옷은 사람의 몸에 맞도록 여러 장의 얇은 철판을 서로 연결해서 만들었어요.

말머리 가리개
5세기, 길이 49cm, 국립김해박물관

대표적인 가야의 철제 문화유산이에요. 전쟁에서 잘 싸우려면 말을 보호하는 것도 중요해요. 그래서 말도 몸에는 갑옷을 입고, 머리에는 가리개를 착용했어요.

532년
금관가야,
신라에 투항

562년
대가야, 신라에
흡수 통합됨.
가야 멸망

고령 지산동 고분군
사적, 경북 고령군 대가야읍

경북 고령은 대가야의 수도였어요. 이곳 고령군의 산 능선에는 가야 시대의 무덤이 밀집해 있어요.

가야의 순장

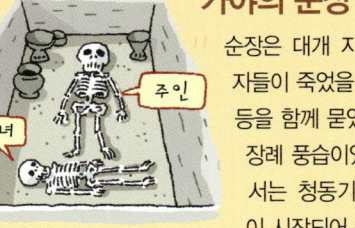

순장은 대개 지위가 높은 권력자들이 죽었을 때, 노예나 신하 등을 함께 묻었던 고대 사회의 장례 풍습이었어요. 한반도에서는 청동기 시대부터 순장이 시작되어 6세기 초까지 이어졌어요. 우리나라에서 순장의 흔적은 주로 신라와 가야의 4~5세기 고분에서 발견되었지요.

삼국 시대가 한눈에 쏙!

삼국은 우리나라의 고대 국가인 고구려, 백제, 신라를 가리켜요. 고구려는 한강 이북 지역에서 중국 동북부에 걸치는 웅대한 제국을 건설했어요. 백제는 수준 높은 문화를 형성했으며 특히 일본의 고대 문화 발전에 큰 영향을 미쳤어요. 신라는 가장 늦게 고대 국가로 발전했지만 6세기 이후 비약적인 발전으로 결국 삼국을 통일하는 위업을 달성했어요. 삼국 시대에는 사찰과 탑 등 불교에 바탕을 둔 문화를 비롯해 고구려 고분 벽화, 백제와 신라의 황금 유물 등 무덤 문화가 특히 발전했어요.

고대 국가의 발전

기원전 1세기에 고구려, 백제, 신라가 개국했어요. 고구려는 광개토왕과 장수왕이 재위하던 5세기가 전성기였어요. 영토는 남쪽으로는 서울, 경기, 강원 등의 한강 일대부터 북쪽으로는 중국의 요동 지역과 하얼빈에 이르면서 동아시아의 강자로 군림했어요. 고구려의 이런 기상은 고분 벽화에 잘 남아 있지요.
백제는 4세기 후반 근초고왕 때 고구려 평양성을 함락시키고 중국과 교류를 활발히 늘려 동아시아의 강자로 떠올랐어요. 가장 뒤늦게 고대 국가 체제를 정비한 신라는 6세기 후반 한강 유역을 점령한 뒤 북쪽 함경도 지역으로 진출하고 대가야를 정복하면서 한반도의 새로운 강국으로 등장했어요.

삼국의 각축

5세기 들어서면서 삼국 간에는 한강 유역을 차지하기 위한 치열한 쟁탈전이 벌어졌어요. 한강은 한반도의 한복판에 위치한 요충지였기 때문이지요. 이곳에 처음 터를 잡은 것은 백제였어요. 그러나 5세기 장수왕의 남진 정책에 밀려 백제는 공주로 밀려났지요. 이후 6, 7세기에는 신라가 한강 유역을 점령해 삼국 통일의 기반을 다졌어요.

불교의 수용과 발전

인도에서 발생한 불교는 중국을 통해 우리나라에 들어왔어요. 삼국은 모두 불교를 수용해 이를 정치적·문화적 토대로 삼았어요. 그래서 삼국 시대의 문화유산을 보면 사찰과 탑 등 불교 관련 문화유산이 많이 남아 있지요. 불교는 삼국 시대 사람들의 정신세계와 문화에 지대한 영향을 미쳤어요.

대형 고분과 공예 기술

고구려, 백제, 신라, 가야는 모두 대형 무덤을 만들었어요. 고구려 고분에는 화려하고 당당하며 세련된 벽화가 그려져 있어요. 백제의 대표적 고분으로는 충남 공주시 무령왕릉을 꼽을 수 있어요. 수만 장의 벽돌을 쌓아 정교하게 지은 벽돌 무덤이에요. 신라의 수도 경주에는 천마총, 황남대총 등 신라 고분이 무수히 많이 남아 있고, 가야의 고분에서는 순장 당한 사람들의 뼈가 많이 출토되었어요.
삼국 시대에는 공예 기술도 매우 발달했어요. 고분에서 나오는 금관, 귀걸이, 팔찌, 토기 등도 모두 공예 기술이 발전되었기 때문에 제작이 가능했지요.

똑똑해지는 문화유산 퀴즈

01 고구려의 기틀을 마련한 수도는 어디인가요?
02 백제의 두 번째 수도 이름은 무엇인가요?
03 우리나라에 남아 있는 석탑 중 가장 오래되고 가장 큰 석탑은 무엇인가요?
04 천년 동안 이어진 신라의 수도는 어디인가요?
05 동양에서 가장 오래된 천문대는 무엇인가요?
06 철기 문화가 발달해 '철의 나라'라고 불렸던 나라는 어디인가요?

정답 01 국내성 / 02 웅진(공주) / 03 익산 미륵사지 석탑 / 04 서라벌(경주) / 05 경주 첨성대 / 06 가야

남북국 시대의 문화유산

남북국 시대는 한반도 남쪽에는 통일 신라가, 북쪽에는 발해가 있었던 시대를 뜻해요.
신라는 삼국을 통일했다는 자신감과 불교의 믿음이 어우러져 문화 예술을 꽃피웠어요.

통일 신라

삼국 통일의 꿈

신라의 삼국 통일은 한반도에서의 첫 통일이라는 점에서 역사적인 사건이었어요. 신라는 건국 때부터 통일 신라가 멸망할 때까지 변함없이 경주를 수도로 삼았어요. 경주가 수도였던 이 기간이 거의 1000년에 달하지요. '통일 신라'라는 명칭은 당시에는 사용하지 않았으며, 후대 사람들이 삼국 통일 이전의 신라와 시대를 구분하기 위해 만든 용어예요.

600년

신라 불교의 장, 경주 남산

《삼국유사》에는 '신라에서 큰일을 논해야 할 때 이곳에 모여 논의를 하면 반드시 그 일이 이루어졌다'는 내용이 나오는데, 여기서 '이곳'은 경주의 남산을 가리켜요. 남산은 예부터 신라 사람들이 성스러운 불교의 장으로 생각하고 숭상했어요. 그래서 이곳에 많은 불상과 탑을 세웠지요. 경주 남산은 야외 박물관이라 부를 정도로 절터와 석불, 석탑, 석등 등 수백 개의 문화유산이 남아 있어요.

경주 동궁과 월지
674년경, 사적, 경북 경주시 인왕동

문무왕 때 만든 것으로 추정되는 인공 연못이에요. '안압지'라고도 부르며 안(雁)은 기러기, 압(鴨)은 오리라는 뜻이에요. 안압지는 1974년, 고고학 발굴 조사에 의해 정확한 규모와 모양이 확인되었어요. 동서 200m, 남북 180m의 거대한 규모이고, 크고 작은 3개의 섬이 있었다는 사실이 밝혀졌지요.

경주 김유신묘
674년, 사적, 경북 경주시 충효동

삼국 통일의 주역인 김유신 장군이 세상을 떠나자 문무왕은 최고의 예를 베풀었어요. 그래서 김유신 장군의 무덤을 보면 왕의 능처럼 화려해요. 무덤 둘레를 둘러싼 돌에는 쥐, 소, 호랑이, 토끼 등 12지신을 조각해 놓았어요. 머리는 동물이고 몸은 사람이며 모두 무기를 들고 서 있는 모습이에요. 우리나라 12지신 조각 가운데 가장 뛰어난 작품으로 평가 받고 있지요.

676년 신라, 삼국 통일

679년 경주 사천왕사 완공(현재는 터만 남음)

681년 경주 문무대왕릉 조성

경주 문무대왕릉
681년, 사적, 경북 경주시 문무대왕면

삼국 통일의 위업을 달성한 문무왕은 죽어서도 나라를 지키고자 했어요. 그래서 자신이 죽으면 화장해 동해 바다에 장사를 지내 달라고 유언을 남겼지요. 문무왕의 유언에 따라 조성한 수중 무덤이 경주 문무대왕릉(대왕암)이며, 감은사지 인근의 동해 바다에 있어요.

682년
경주 사천왕사에 문무왕릉비 세움

경주 감은사지
682년, 사적, 경북 경주시 문무대왕면

감은사는 신문왕이 아버지 문무왕의 뜻을 이어 나라를 지키는 사찰로 지었어요. 《삼국유사》에는 신문왕이 죽어서 용이 된 아버지 문무왕을 위해 감은사로 드나들 수 있게 바다 쪽으로 구멍을 냈다는 이야기가 있어요. 신문왕의 효심이 어느 정도였는지 알 수 있어요. 현재 감은사의 건물은 모두 사라지고, 금당 앞에 있던 2개의 3층 석탑만 남아 있지요.

'문무왕이 왜병을 진압하려고 이 절을 세우기 시작했는데, 공사를 모두 마치지 못한 채, 세상을 떠나 끝내 해룡(海龍, 바다의 용)이 되었다. 이후 그 아들 신문왕이 682년에 공사를 끝냈다. 금당(사찰의 중심이 되는 건물)의 계단 밑으로 동쪽을 향해 구멍을 냈는데, 이는 용이 드나들도록 하기 위함이었다.'

경주 감은사지 동·서 3층 석탑
682년, 국보, 높이 13.4m, 경북 경주시 문무대왕면

감은사를 창건할 때 함께 세운 탑으로 감은사지의 앞뜰에 나란히 서 있는 쌍탑이에요. 통일 신라의 탑 가운데 가장 크고, 화려한 장식이 없는 간결한 모습이에요.

경주 감은사지 동탑 / 경주 감은사지 서탑

700년

725년
상원사 동종 만듦

경주 구황동 금제 여래 좌상
706년, 국보, 높이 12.2cm, 국립중앙박물관

이상적인 부처의 얼굴에 세련된 신체 표현이 돋보이는 불상이에요. 통통한 얼굴, 잔잔한 미소, 당당한 자세, 옷의 주름 등에서 8세기 초의 성숙해 가는 신라 불교 조각의 면모를 발견할 수 있어요.

상원사 동종
725년, 국보, 높이 1.67m, 강원 평창군 상원사

현재 남아 있는 우리나라의 전통 종 가운데 가장 오래되었고, 한국 전통 범종의 전형으로 알려져 있어요. 전체적으로 조각법이 뛰어나고 몸체의 아래쪽 끝 부분이 안으로 오므라드는 부드러운 곡선도 아름다워요. 우리나라의 전통 종은 상원사 동종을 계기로 이런 모습을 갖추게 되었어요.

751년
경주 불국사 완공

신라 불교 예술을 대표하는 경주 불국사

삼국 통일 직후인 8세기 신라는 불교 국가로서 불국토(부처님이 계시는 국토)의 이상을 실현하려는 의지가 강했어요. 절을 짓고, 탑을 세우고, 불상을 만들어 불심을 표현하고자 했지요. 그중 대표적인 것이 불국사예요. 불국사는 우리나라 사찰 중 가장 아름다운 곳으로 유명해요. 석굴암과 함께 유네스코 세계유산으로 지정되었어요.

경주 불국사 청운교 및 백운교
751년, 국보, 경북 경주시 불국사

불국사 정면 오른쪽의 자하문 앞에는 계단식 다리인 청운교와 백운교가 연결되어 있어요. 돌난간이 있는 이 다리는 속세의 세계에서 부처의 세계로 들어가는 통로를 상징해요.

경주 불국사 연화교 및 칠보교
751년, 국보, 경북 경주시 불국사

청운교와 백운교 옆쪽에는 연화교와 칠보교가 있어요. 이 다리를 지나면 안양문을 거쳐 극락전으로 이르게 돼요. 아래쪽 연화교에는 층계마다 연꽃을 조각해 놓았어요.

경주 불국사 다보탑

8세기 중기, 국보, 높이 10.29m, 경북 경주시 불국사

세계에서도 유례를 찾아볼 수 없을 정도로 화려한 석탑이에요. 밑에서부터 지붕돌이나 난간이 사각형-8각형-원형으로 되어 있어요. 신라 사람들의 뛰어난 기술을 엿볼 수 있어요.

경주 불국사 3층 석탑

8세기 중기, 국보, 높이 10.75m, 경북 경주시 불국사

'석가탑'이라고도 부르며, 반듯하고 단정하면서도 날렵해 보여요. 다보탑의 파격적인 모습과 달리 석가탑은 통일 신라 탑의 전형적인 모습을 그대로 유지해 균형과 비례가 돋보여요.

《무구정광대다라니경》

8세기 중기, 국보, 길이 620cm, 불교중앙박물관

경주 불국사 3층 석탑(석가탑) 내부에서 발견된 불경으로 세계에서 가장 오래된 목판 인쇄물이에요. 《무구정광대다라니경》은 목판에 찍은 것으로 나무판에 도장을 파듯이 양각으로

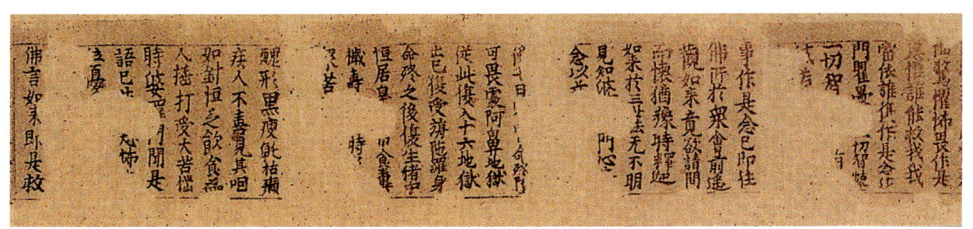

글자를 새긴 뒤, 여기에 먹을 묻혀 종이에 찍어 낸 것이에요. 원래의 목판이 남아 있는 것은 아니고, 목판으로 찍은 다라니경만 남아 있어요. 목판 인쇄를 통해 불경과 책자 등의 대량 생산이 가능해졌고 지식이 빨리 전파될 수 있었어요.

771년 성덕대왕 신종 만듦

성덕대왕 신종

771년, 국보, 높이 3.66m, 국립경주박물관

경덕왕이 아버지인 성덕왕의 업적을 기리기 위해 만들기 시작했고, 그 후 아들인 혜공왕이 771년 완성한 종이에요. '에밀레종'이라고 부르기도 해요. 성덕대왕 신종은 전체적인 조형미가 뛰어나며 부드러운 곡선과 세련된 장식 무늬가 돋보여요. 우리나라 종 가운데 가장 크고 아름다운 것은 물론이고 종소리가 깊고 그윽해 세계 최고 수준의 범종으로 평가 받아요.

에밀레 전설

성덕대왕 신종에는 슬픈 전설이 있어요. 종을 만들 비용을 시주하러 다니던 스님은 아기를 시주하겠다는 여인을 만났어요.

아이를 받을 수 없었던 스님은 그냥 돌아왔고 얼마 후 종은 완성되었어요.

그런데 아무리 쳐도 종소리가 나지 않았어요. 아무도 이유를 몰랐지요.

어느 날 종을 만든 장인의 꿈에 한 노인이 나타나 쇳물에 아이를 넣어야 소리가 난다고 말했어요. 놀란 장인은 스님께 꿈 이야기를 했어요.

스님은 결국 시주로 아이를 받아와 쇳물에 넣고 종을 다시 만들었어요.

새로 만들어진 종은 놀랍게도 그윽한 종소리를 냈어요. 그런데 가만히 들어보면 어머니를 찾는 아기 목소리가 들렸어요. 그래서 사람들이 '에밀레종'이라고 부르게 되었다고 해요.

**774년
경주 석굴암
석굴 완공**

경주 석굴암 석굴
774년, 국보, 경북 경주시 진현동

경주 석굴암 석굴은 유네스코 세계유산으로 지정된 한국 최고의 문화유산이에요. 751년 신라 경덕왕 때 김대성이 만들기 시작해 20여 년 뒤 완공되었어요. 석굴암이 위치한 토함산은 신라 사람들이 신성시하던 성스러운 산이에요.

석굴암 주실의 본존불

주실에는 석굴암의 핵심인 본존불이 연꽃 모양의 받침대에 앉아 있어요. 본존불의 높이는 3.5m예요. 본존불은 한국의 불교 조각사는 물론 세계 불교 조각사에서도 가장 이상적인 모습을 구현한 것으로 평가 받고 있어요.

과학적으로 건축된 석굴암

석굴암은 주실의 벽을 돌로 쌓고, 천장의 가장 높은 곳 한가운데에 둥글고 큰 돌을 올렸지요. 접착을 하지 않고 조립만으로 둥근 천장 형태를 만들고 무너지지 않게 한 것은 건축과 토목 기술이 뛰어났기 때문이에요. 지붕 외부를 진흙으로 덮어 빗물이 새는 것을 막고, 내부에는 시원한 물줄기를 흐르게 해 바닥에만 습기가 차도록 했어요. 덕분에 석굴암 본존불과 불상들은 습기로 인한 훼손을 피할 수 있었지요.

구례 화엄사 4사자 3층 석탑
8세기, 국보, 높이 5.5m, 전남 구례군 화엄사

지리산 화엄사에 있는 이색적인 석탑이에요. 아래쪽 받침대에는 악기를 연주하고 춤을 추거나 공양을 하는 비천이 새겨져 있어요. 위쪽 받침대에는 네 모퉁이에 각각 사자 조각을, 한가운데에는 승려 조각을 세워 놓았지요.

안동 법흥사지 7층 전탑
8세기, 국보, 높이 17m, 경북 안동시 법흥동

우리나라에서 가장 오래되고 큰 벽돌탑이에요. 특히 그 위 풍당당한 모습이 돋보이지요. 각 층의 지붕 위쪽 경사면에 기와가 남아 있는 것을 보면 목조 건축의 기와지붕 모양을 표현하려고 했던 것 같아요.

충주 탑평리 7층 석탑
8세기 후기, 국보, 높이 14.5m, 충북 충주시 중앙탑면

충주의 남한강변 언덕 위에 있는 멋진 석탑이에요. 충주는 지리상 우리나라의 중앙이어서 이 탑을 '중앙탑'이라고도 해요. 받침대와 7층의 몸체가 늘씬하게 하늘로 뻗어 올라간 모습이 시원해 보여요.

구례 화엄사 각황전 앞 석등
9세기, 국보, 높이 6.4m, 전남 구례군 화엄사

우리나라에서 가장 큰 석등이에요. 화엄사 각황전 앞에 있는 이 석등은 규모가 매우 크고 화려한 모습으로 화사석(火舍石)을 받치는 기둥이 매우 짧아요. 화사석은 불을 밝히는 점등 부분을 가리켜요. 화사석 지붕돌의 8각 모서리에는 꽃 모양 장식이 있어요.

**828년
장보고,
청해진 설치**

**844년
흥법사지
염거화상탑
세움**

철원 도피안사 철조 비로자나불 좌상
865년, 국보, 높이 91cm, 강원 철원군 도피안사

통일 신라 후기에 들어서면서 철불이 만들어지기 시작했어요. 철불은 신라의 수도였던 경주가 아닌 지방에서 주로 만들어졌지요. 도피안사라는 절에 있는 이 철불은 우리나라 철불 가운데 가장 빼어난 작품으로 꼽혀요.

935년
신라,
고려에 멸망

통일 신라의 멸망

9세기 말 통일 신라는 매우 혼란스러웠어요. 하지만 왕실은 사치와 향락에 빠져 민심이 흉흉했지요. 이 시기에 새로운 세력이 힘을 키웠고 견훤은 후백제를, 궁예는 후고구려를 세웠어요. 이로 인해 신라는 작은 나라로 위축되고 말았어요. 궁예를 축출하고 왕으로 추대된 왕건은 918년 나라 이름을 '고려'로 바꾸고 935년 신라의 항복을 받아 냈어요.

발해

698년
발해 건국

713년
대조영,
당으로부터
'발해군왕'
칭호를 받음

발해와 남북국 시대

발해는 한반도 북부와 중국 둥베이(동북) 지방의 동부, 연해주에 걸쳐 있던 나라예요. 668년 고구려가 멸망한 뒤, 고구려의 유민인 대조영은 당과의 치열한 전투를 승리로 이끈 후, 고구려 유민과 말갈족을 이끌고 만주의 동모산 일대에서 698년 발해를 건국했지요. 발해는 고구려의 정신과 문화를 계승한 나라였어요. 대동강 남쪽에는 통일 신라, 대동강 북쪽에는 발해가 있다고 해서 이를 '남북국 시대'라고 불러요.

발해의 문화유산

발해 사람들은 불교에 대한 믿음이 강했기 때문에 사찰을 많이 지었고, 이 때문에 불교 문화유산이 많이 남아 있어요. 도성이었던 상경, 중경, 동경, 남경, 서경 등지에서는 궁궐의 터를 비롯해 각종 불상과 탑, 기와, 공예품 등이 발견되었어요. 오랫동안 수도로 사용된 상경용천부의 도성 터는 동서 4.65km, 남북 3.53km에 잘 구획된 도시의 모습을 갖추었던 것으로 밝혀졌지요.

석등과 돌사자상

발해의 영토였던 중국 헤이룽장성의 발해 궁터 안 흥륭사에 남아 있는 석등이에요. 강하고 힘이 넘치는 모습이에요. 발해 사람들의 웅혼한 기상을 그대로 보여 주는 석등이지요. 돌사자도 발해의 기상을 잘 보여 주는 유물이에요. 금방이라도 튀어나올 듯 부리부리한 눈, 크게 벌린 입에 날카롭게 튀어나온 송곳니와 길게 내민 혀, 벌름거리는 코 등 사납고 험상궂은 짐승 얼굴을 형상화했어요.

792년
정효공주묘
만듦

발해 고구려계 금제 관식

중국 지린성의 룽터우 고분군에서는 고구려 계통의 금제 관식도 발굴되었어요. 발해가 고구려의 전통성을 계승했음을 다시 한 번 확인시켜 주는 유물이지요. 날렵한 새 날개 모양의 금판 3개로 만든 것으로, 이것은 고구려 조우관(鳥羽冠, 새 깃털을 꽂은 관)의 전통을 잇는 귀중한 유물로 평가해요.

와당

발해의 와당(막새) 기와는 하트 모양의 연꽃잎 무늬가 가장 많고, 그 모양도 독특해요. 이것은 고구려, 백제, 신라에서는 발견할 수 없는 독창적인 모양이에요. 연꽃잎 사이사이에는 십(十)자나 봉황 무늬를 넣은 것도 있어요.

926년
발해,
거란에 멸망

이불 병좌상

8세기, 높이 29cm, 일본 도쿄국립박물관

발해 불상은 지금까지 1000여 점이 확인되었는데 그중에서 가장 유명한 부처상이에요. 석가여래와 다보여래가 나란히 앉아 있는 독특한 모습이지요.

발해의 멸망

발해는 9세기 말부터 국력이 약해졌어요. 이런 틈을 타 발해 서쪽에 있는 거란족이 발해를 공격하기 시작했고, 결국 926년에는 발해의 수도인 상경용천부를 함락시켰어요. 이로 인해 발해의 역사는 막을 내렸고 발해 유민들은 북쪽 말갈 땅으로 떠나거나 고려로 망명해 고려의 발전에 기여했어요.

남북국 시대가 한눈에 쏙!

중국 당나라와 연합해 백제, 고구려를 잇달아 무너뜨린 신라는 676년 당나라를 물리치고 삼국 통일의 위업을 달성했어요. 이후 통일 신라는 불교 국가로서 한국 고대 문화를 완성시켰어요. 옛 신라의 문화를 바탕으로 고구려와 백제의 문화를 받아들여 새로운 문화를 창조해 냈어요. 이 시기에 만들어진 문화유산들은 후대 미술 문화의 전형으로 자리 잡게 되었지요.

한편 고구려가 멸망한 지 30년이 지난 698년, 대조영 등 고구려 유민들은 옛 고구려 땅에 발해를 세웠어요. 예전에는 이 시대를 단순히 '통일 신라'라고 불렀지만, 지금은 통일 신라와 발해가 있던 시대라 하여 '남북국 시대'라고 불러요.

신라와 불국토

6세기 법흥왕 때 불교를 공인한 신라는 통일이 되고 나서 불교에 대한 믿음이 더욱 강해졌어요. 이미 황룡사 등을 세운 신라 사람들은 경주를 부처의 나라, 즉 '불국토'라고 생각했어요. 이들은 삼국 통일을 통해 불국토를 건설하겠다는 믿음을 더욱 키워 나갔지요. 그것을 보여 주는 대표적인 문화유산이 바로 8세기 중반에 세운 불국사와 석굴암이에요. 불국사에는 다보탑, 석가탑을 비롯해 대웅전, 극락전, 청운교와 백운교, 연화교와 칠보교 등이 있어요. 바위로 굴을 만들어 불상을 모신 석굴암은 세계 불교 문화유산 중 최고의 작품으로 평가 받고 있어요.

8세기 통일 신라의 문화 예술

8세기는 통일 신라 미술의 최전성기였어요. 성덕대왕 신종, 석굴암, 불국사, 다보탑, 석가탑,《무구정광대다라니경》등 한국사에 길이 남을 위대한 문화유산이 모두 이 시기에 만들어졌어요.

이들 문화유산은 신라를 대표하는 문화유산일 뿐 아니라 우리 역사를 대표하는 최고의 미술 문화유산들이에요. 따라서 8세기는 단순히 통일 신라만의 전성기가 아니라 한국 미술사 전체에 있어 최고의 전성기였다고 볼 수 있어요.

해동성국 발해

발해는 '해동성국(바다 동쪽의 강성한 나라)'이라 불릴 정도로 번성하면서 고구려의 옛 땅을 대부분 되찾았어요. 발해는 지금 모두 중국 땅이 되었어요. 이 지역에는 고구려를 계승한 발해의 문화유산들이 남아 있지만 중국과 우리의 무관심 때문에 제대로 보존되지 못하고 있어요.

똑똑해지는 문화유산 퀴즈

01 세계에서 가장 오래된 목판 인쇄물은 무엇인가요?
02 죽어서도 나라를 지키고자 한다는 유언에 따라 바다에 조성한 무덤은 무엇인가요?
03 고구려의 정신과 문화를 계승하고 대동강 북쪽에 위치했던 나라는 어디인가요?
04 751년에 완공된 곳으로 신라 불교 예술을 대표하는 절은 어디인가요?
05 우리나라 종 가운데 가장 크고 '에밀레종'이라고도 불리는 것은 무엇인가요?
06 유네스코 세계유산으로 지정된 문화유산으로 토함산에 있는 이것은 무엇인가요?

정답 01《무구정광대다라니경》/ 02 문무왕릉(대왕암) / 03 발해 / 04 경주 불국사 / 05 성덕대왕 신종 / 06 석굴암

고려 시대의 문화유산

고려청자와 팔만대장경 등 높은 수준의 고려 문화와 과학 기술을
엿볼 수 있는 문화유산이 많이 만들어졌어요.

고려

고구려의 정신을 계승한 고려

고려는 그 이름에서 알 수 있듯이 고구려를 계승한 나라예요. 동아시아의 강대국이었던 고구려의 기상을 이어받아 한민족의 저력을 다시 한 번 보여 주려고 했던 태조 왕건의 의지가 녹아 있지요.

900년

918년
고려 건국

935년
통일 신라
멸망시킴

936년
후삼국 통일

논산 관촉사 석조 미륵보살 입상

968년경, 국보, 높이 18.12m, 충남 논산시 관촉사

고려 시대를 대표하는 대형 석조 불상으로 우리나라에서 가장 큰 석불이에요. 옛 지명을 따서 흔히 '은진 미륵'이라고 불러요. 몸에 비해 얼굴이 크게 묘사되어 있어요. 이렇듯 고려 때는 석조 불상과 마애불을 정교하고 화려하게 꾸미지 않고 편안한 모습의 인간적인 불상으로 만들어 모셨어요.

마애불을 가장 많이 만든 고려

'마애불'은 바위에 새기거나 바위를 조각해 만든 불상을 뜻해요. 고려는 우리 역사에서 마애불을 가장 많이 만든 시대였어요. 마애불이 미륵신앙과 기복신앙 등과 어울리면서 일반 서민들의 삶과 가까워지기 시작했음을 의미해요.

강릉 한송사지 석조 보살 좌상

10세기, 국보, 높이 92.4cm, 국립춘천박물관

마애불을 제외하고 고려 시대 석불 중 가장 유명한 것이에요. 우리나라 석불은 대부분 단단한 화강암으로 만들었는데 이 불상은 예외적으로 하얀 대리석으로 만들었어요. 또한 머리에 쓰고 있는 높은 원통형 보관(화려하게 꾸민 관)도 이색적이지요. 입가의 엷은 미소가 편안하게 느껴져요.

하남 철조 석가여래 좌상

10세기, 보물, 높이 2.88m, 국립중앙박물관

흔히 '춘궁리 철불'이라고 부르며, 동양에서 가장 큰 철불이에요. 높이 2.88m에 폭은 2.13m, 무게는 6.2톤에 달하지요. 얼굴의 표정이나 신체가 모두 당당해 보이는 고려의 대표적인 철불로 꼽혀요. 위로 치켜 올라간 눈과 꽉 다문 작은 입 등에서 통일 신라와 다른 고려 불상의 특징을 보여 주고 있지요.

철불을 만든 까닭

고려 초에는 특이하게도 불상을 철로 많이 만들었어요. 철불은 통일 신라 말인 9세기경에 제작되기 시작했으며 고려 때 집중적으로 제작되었지요. 통일 신라 때 수도인 경주를 중심으로 왕족들은 금동으로 불상을 만들었어요. 그러다가 통일 신라 왕실의 힘이 줄어들고 지방 호족들의 힘이 커지면서 주로 이들에 의해 철로 된 불상이 많이 만들어지기 시작했지요. 지방 호족이라고 해도 중앙의 왕실보다는 돈과 위세가 부족하다 보니 재료비가 저렴한 철을 이용해 불상을 만든 것이에요.

1000년

1010년
성거산 천흥사명 동종 만듦

1011년
초조대장경 만들기 시작

1019년
강감찬, 거란군 물리치고 귀주대첩 승리

충주 정토사지 홍법국사탑
1017년, 국보, 높이 2.55m, 국립중앙박물관

고려 시대 스님이었던 홍법국사의 승탑이에요. 받침대가 8각이고 몸체는 이색적인 공 모양으로 우리나라 승탑의 역사에서 매우 파격적인 변화라고 할 수 있어요.

충주 정토사지 홍법국사탑비
1017년, 보물, 높이 3.75m, 국립중앙박물관

홍법국사의 삶과 불교적 업적을 기록해 놓은 석비(돌로 만든 비)예요. 아주 힘차고 생동감 넘치는 모습을 보여 주고 있어요. 거북 모양의 받침돌에 머리는 용의 형상을 조각해 넣었으며 조각 수법과 조형미가 우수한 고려의 석비예요.

승탑과 비의 구조

산속의 사찰에 가면 입구 쪽에서 돌로 만든 조형물을 볼 수 있어요. 탑과 비슷해 보이는 이것을 '승탑'이라고 하며 스님의 사리를 모셔 놓은 곳이에요. 사리는 스님들의 시신을 화장하고 난 뒤 유골에서 추려 낸 구슬 모양의 작은 결정체를 말해요.

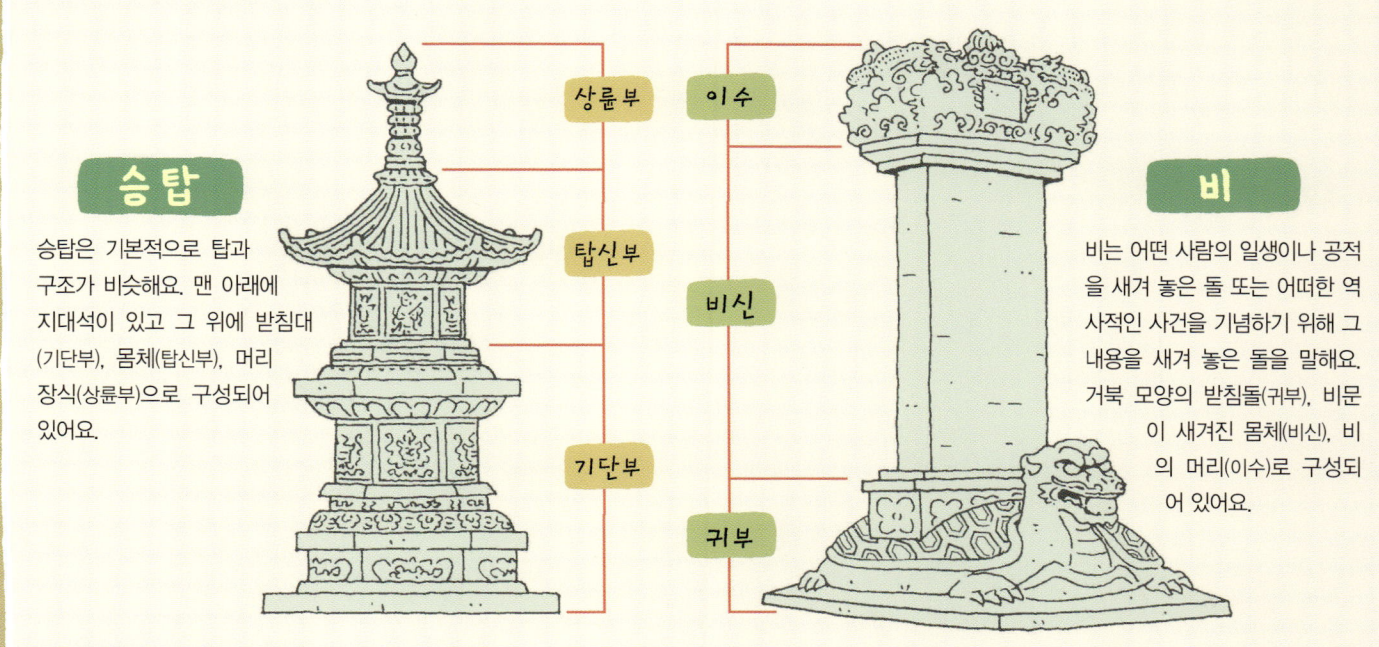

승탑
승탑은 기본적으로 탑과 구조가 비슷해요. 맨 아래에 지대석이 있고 그 위에 받침대(기단부), 몸체(탑신부), 머리 장식(상륜부)으로 구성되어 있어요.

비
비는 어떤 사람의 일생이나 공적을 새겨 놓은 돌 또는 어떠한 역사적인 사건을 기념하기 위해 그 내용을 새겨 놓은 돌을 말해요. 거북 모양의 받침돌(귀부), 비문이 새겨진 몸체(비신), 비의 머리(이수)로 구성되어 있어요.

평창 월정사 8각 9층 석탑
11세기, 국보, 높이 15.2m, 강원 평창군 월정사

고려 석탑 중 매우 아름다운 석탑으로 손꼽혀요. 우리가 흔히 보는 탑들은 몸돌이나 지붕돌(옥개석)이 대부분 사각형인데 이 탑은 특이하게 8각으로 되어 있어요. 8각의 탑은 고구려의 다각다층탑(多角多層塔)의 전통을 계승한 것이에요. 이 탑은 2단의 기단부에 9층의 탑신부를 올리고, 탑의 위쪽인 상륜부에는 작은 장식물이 올라가 있는데 이것도 아주 화려하고 아름답지요.

석탑 끝을 장식한 풍경
평창 월정사 8각 9층 석탑의 각 층의 지붕돌은 바깥쪽 추녀선이 살짝 치켜 올라가 그 맵시를 뽐내고 있으며, 그 끝에 작은 풍경(風磬)이 매달려 있어요. 밑에는 쇳조각으로 붕어 모양을 만들어 매달아 놓았지요. 풍경은 바람이 부는 대로 흔들려 맑은 소리를 내는 작은 종으로 주로 사찰 건물의 처마에 매달아 놓아요.

원주 법천사지 지광국사탑
1070년경, 국보, 높이 6.1m, 국립문화재연구원

고려 시대의 스님이었던 지광국사 해린의 승탑이에요. 통일 신라 때까지의 승탑은 모두 받침대와 몸체가 8각형으로 되어 있어요. 그러나 이 승탑은 4각형으로 우리나라의 승탑이 고려 초에 이르러 변화하고 있음을 보여 주는 중요한 문화유산이에요.

원주 법천사지 지광국사탑비
1085년, 국보, 높이 약 5m, 강원 원주시 부론면

지광국사의 승탑과 함께 세운 석비예요. 지광국사가 불교에 입문한 뒤 입적할 때까지의 행적이 새겨져 있어요. 입적은 스님의 죽음을 뜻해요. 통일 신라 때에는 석비의 받침돌이 모두 거북의 머리였는데 고려에 들어서 용의 머리로 바뀌어 가고 있음을 보여 주지요.

1100년

12세기 전기
청자 참외모양 병 만듦

12세기
청자 어룡형 주전자 만듦

청자 상감 운학문 매병
12세기 후기, 국보, 높이 42.1cm, 간송미술관

우리가 가장 많이 보아온 고려청자의 대표적인 작품이에요. 당당한 어깨와 부드러운 몸통선이 매우 아름다워요. 청자 표면에는 수많은 학과 구름을 무늬로 넣었어요. 고려청자에는 학이 많이 등장해요. 학은 예로부터 신선을 태우는 새로 여기며 장수를 상징했어요. 구름은 신선의 세계를 의미해요. 고려 사람들은 청자를 만들면서 평화로운 세상을 기원했던 거예요.

우리 문화재의 수호자, 전형필

간송 전형필은 일제 강점기 때 우리 문화유산이 일본 등 해외로 약탈당하는 것을 막기 위해 재산을 털어 우리 문화유산을 수집했던 인물이에요.
그가 수집한 문화유산은 현재 서울 성북구 간송미술관에 보관되어 있어요.

지키고 보전해야 할 소중한 우리 문화유산~

고려청자의 아름다움과 특징

청자는 높은 온도의 가마에서 두 번 구워 만들어요. 흰빛을 띠는 고령토로 빚어 구운 뒤에 유약을 입혀 다시 구워요. 흙과 유약의 성분 때문에 푸른빛을 띠게 되지요. 고려 시대에 청자를 만드는 기술이 발전하면서 표면의 흙을 파낸 다음 다른 색의 흙을 채워 무늬를 만드는 상감 청자도 등장했어요. 당시 고려의 문화와 기술이 매우 발전했다는 것을 의미해요.

우리나라의 가장 오래된 청자

우리나라에서 청자는 고려 때인 10세기경 처음 만들어지기 시작했어요. 현재 제작 연대를 확인할 수 있는 고려청자 가운데 가장 오래된 것은 이화여대박물관에 있는 청자 '순화4년'명 항아리예요. 순화4년은 고려 성종 때인 993년을 가리켜요.

국보, 높이 35.2cm, 이화여대박물관

청자 '순화4년'명 항아리

도기와 자기의 차이

우리가 흔히 '도자기'라고 말하는 도기와 자기는 만드는 방법이 달라요. 도기는 진흙으로 빚어 1300도 이하의 낮은 온도에서 굽고, 자기는 입자가 고운 흙이나 돌가루로 빚어 1300도 이상의 높은 온도에서 구워요. 청자와 백자 등이 자기에 속해요. 두들겨 보았을 때 도기는 둔탁한 소리가 나고, 자기는 맑은 소리가 나요.

1145년
김부식,
《삼국사기》 지음

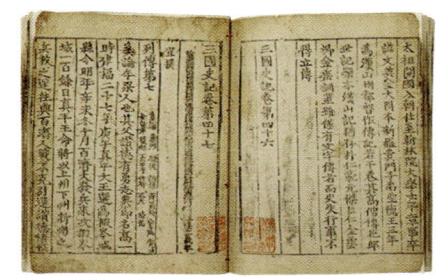

《삼국사기》
1145년, 국보, 성암 고서박물관 · 경주 옥산서원 · 서울 중구

왕의 명을 받은 김부식과 학자들이 함께 편찬했어요. 왕실에서 만든 최초의 역사서라고 할 수 있지요. 《삼국사기》에는 신라, 고구려, 백제의 역사와 인물들에 관한 내용이 기록돼 있어요.

표충사 청동 은입사 향완
1177년, 국보, 높이 27.5cm, 경남 밀양시 표충사

고려 시대에만 만들어졌던 독특한 모양의 향로예요. 고려 시대에 은입사 기법으로 만들어진 향로를 특별히 구분 지어 '향완'이라고 불러요. 이 향완은 제작 연대를 확인할 수 있는 고려 향완 가운데 가장 오래된 것이에요.

은실로 장식하는 은입사 기법
은입사 기법은 표면에 가늘게 홈을 파서 원하는 모양을 만들고 거기에 은실을 두드려 박아 무늬를 표현하는 방식이에요. 고려청자에서 보았던 상감 기법과 비슷한 것으로 일종의 은상감 기법이라고 할 수 있어요.

1200년

1222년
부안 내소사 동종 만듦

1231년
몽골 1차 침입

1232년
수도를 강화도로 옮김

1237년
팔만대장경 만들기 시작

몽고의 침입
1225년 고려에 왔던 몽고 사신이 무례한 행동을 하고 돌아가다 살해되는 사건이 있었어요. 몽고는 이 사건을 구실로 1231년 고려를 침입했지요. 이후 조약을 맺어 전쟁을 끝냈지만 고려가 수도를 강화도로 옮긴 후 몽고는 30여 년 동안 여섯 차례나 고려를 침입했어요. 몽고 침입으로 많은 문화유산이 불에 타 사라졌어요.

합천 해인사 대장경판
1248년, 국보, 70×24cm 내외, 경남 합천군 해인사

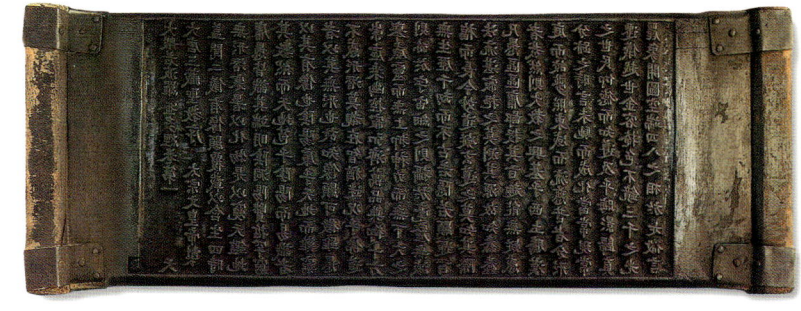

'팔만대장경'이라고도 하며, 불교 경전을 새긴 나무판이에요. 1237년 만들기 시작해 12년에 걸쳐 제작되었어요. 팔만대장경은 한국 불교 문화유산의 정수로 평가 받고 있으며, 현재 남아 있는 전 세계의 불교 대장경 가운데 가장 오래된 것이에요. 양도 가장 방대하고 내용도 정확한 대장경이지요. 이런 점을 높게 평가 받아 유네스코 세계기록유산으로 지정되어 있어요.

인쇄술의 발달
팔만대장경과 같은 목판 인쇄는 글자가 새겨진 경판 하나하나에 먹을 바르고 종이에 찍어 내요. 도장의 원리와 똑같아요. 이후 《직지심경》에 쓰인 활자 인쇄는 여기에서 몇 단계 더 발전한 형태예요. 수많은 활자를 만들어 놓고 그 활자를 조합해 활자판을 만들어 책을 찍어 내면 어떤 내용의 책이든 손쉽게 찍어 낼 수 있었어요.

통풍과 습도 조절이 뛰어난 과학 문화유산, 합천 해인사 장경판전
장경판전은 팔만대장경을 보관하고 있는 건물이에요. 건물 앞뒷면의 위아래에 바람이 통하는 창문이 설치돼 있어요. 건물 내부의 땅바닥에는 숯과 횟가루, 소금을 모래와 함께 묻어 내부의 습도를 조절하도록 과학적으로 설계되었어요.

청자 동화연화문 표주박모양 주전자
13세기, 국보, 높이 33.2cm, 삼성미술관 리움

붉은색의 진사 안료를 무늬 장식에 사용해서 '진사 청자'라고 불러요. 역사적으로 청자에 붉은색 안료인 진사를 사용한 것은 고려뿐이에요. 그래서 진사 기법은 상감 기법과 함께 고려청자의 독특한 특징이라고 할 수 있어요.

청자 상감 용봉모란문 합 및 탁
13세기, 국보, 높이 19.3cm, 삼성미술관 리움

뚜껑이 달린 대접과 받침, 숟가락까지 남아 있는 그릇 세트예요. 이렇게 형태가 온전하게 전해 오는 청자 그릇 세트는 매우 귀해요. 매우 고급스러운 형태와 문양이 돋보이며 왕실에서 사용했을 것으로 추측해요.

1270년
수도를 개경(개성)으로 다시 옮김

청자의 다양한 쓰임새

고려 시대 사람들은 청자로 그릇이나 향로 등을 많이 만들어 사용했어요. 그 밖에 베개, 기와, 벼루, 타일도 만들었지요. 국립중앙박물관에 있는 청자 기와는 12세기에 만들어졌으며 청자의 고장 전남 강진에서 출토된 것이에요. 기와지붕의 처마 끝에 마감했던 것으로, 암막새와 수막새가 함께 붙어 있어요. 고려의 문화가 얼마나 아름답고 화려했는지 잘 보여 주는 대표적인 청자 문화유산이에요. 고려청자 베개(보물)는 2마리의 사자가 베개 판을 받치고 있는 모양으로 청자의 빛깔도 완벽하고 그 모양도 아름다운 명품이에요.

1281년
일연, 《삼국유사》 지음

《삼국유사》
1281년, 국보·보물, 서울대학교 규장각 외

《삼국유사》는 고려의 승려인 일연이 편찬한 역사서예요. 고구려, 백제, 신라 삼국과 가야의 역사를 비롯해 신화와 전설, 종교 등 다양한 이야기를 담고 있어요.

흥왕사명 청동 은입사 향완
1289년, 국보, 높이 40.1cm, 삼성미술관 리움

몸체에 꽃 모양의 창을 4개 만들고 그 안에 연꽃가지를 입에 문 봉황, 여의주를 쥐고 있는 용을 정교한 은입사 기법으로 표현한 아름다운 향완이에요. 꽃 모양의 창 사이에는 물가의 갈대와 연꽃, 날아가는 기러기와 헤엄치는 물오리 등 물가 풍경을 은입사로 나타냈어요.

안동 봉정사 극락전
13세기, 국보, 경북 안동시 봉정사

봉정사는 신라 신문왕 때인 672년에 능인대사가 처음 세운 절이에요. 봉정사는 고려 때 완전히 다시 지었어요. 1972년에 극락전을 해체·보수 공사를 할 때, 1363년에 지붕을 수리했다는 기록이 확인되었어요. 지붕을 수리했다는 기록은 매우 중요해요. 기와지붕은 한 번 올리면 100~150년 정도 유지되므로 봉정사 극락전은 지붕을 수리했을 때인 1363년보다 100~150년 전에 지어졌다는 것이지요. 따라서 13세기 초반에 봉정사 극락전을 지었을 거라는 추측이 가능해졌고 이 건물을 우리나라에서 가장 오래된 목조 건축물로 보고 있어요.

우리나라에서 가장 오래된 건축물

고려 때는 나무로 집을 짓고 살았어요. 그런데 나무로 짓다 보니 화재나 전쟁으로 불에 타 사라지기도 하고 세월이 흐르며 약해져 저절로 무너지기도 해서 지금까지 전해 오는 목조 건축물은 매우 적어요. 그렇다 보니 지금까지 남아 있는 고려 시대 건축물은 우리나라에서 가장 오래됐으며, 우리 건축의 역사와 변화를 알아볼 수 있는 귀중한 문화유산이지요.

1300년

예산 수덕사 대웅전
1308년, 국보, 충남 예산군 수덕사

예산 수덕사 대웅전은 우리나라의 아름다운 목조 건축물 중 하나예요. 1308년에 세워졌는데 제작 연대가 명확한 보기 드문 고려 건축물이지요. 간결한 단순미가 돋보이며, 힘찬 직선으로 매우 당당한 모습의 맞배지붕으로 지어졌어요.

〈수월관음도〉
1310년, 비단에 채색, 419×254cm, 일본 가가미진자

고려 불화 가운데 가장 대표적인 작품이에요. 〈수월관음도〉는 선재동자가 관음보살을 찾아가 불교의 도를 구하는 장면을 형상화했어요.

예배의 대상을 상징하는 불화

'불화'는 불교 그림을 말해요. 불화는 사찰 등에 모셔 놓고 예배하기 위한 용도로 많이 사용되었어요. 대웅전과 같은 불교 전각 내부의 불상 뒤에 불화를 그리거나 걸어 두고 예배를 드리는 거예요.

1363년 문익점, 중국에서 목화씨 들여옴

개성 경천사 10층 석탑
1348년, 국보, 높이 13.5m, 국립중앙박물관

고려 시대에는 새로운 모양의 탑이 많이 만들어졌어요. 이 탑은 그중에서도 특히 세부적인 조각과 탑 전체의 균형미가 자랑이에요. 원래 북한 개성시의 경천사라는 절에 있었던 탑이에요. 일본 정부의 궁내대신이 이 탑을 일본으로 훔쳐 갔다가 1918년 우리나라로 반환되었어요.

영주 부석사 무량수전
1376년, 국보, 경북 영주시 부석사

영주 부석사는 신라 문무왕 때인 676년에 의상대사가 왕명을 받들어 지은 사찰이에요. 이후 건물이 불에 타 버렸고 고려 때인 1376년에 다시 지었어요. 무량수전의 지붕은 옆면이 팔(八)자 모양인 팔작지붕이에요. 또 배흘림 기둥(중간 부분이 약간 튀어나온 기둥)에 주심포 양식이 특징이지요. 주심포 양식은 지붕의 무게를 기둥에 고르게 전달하기 위한 나무 장식(공포)을 기둥 위에만 설치한 것이에요.

지붕의 종류

맞배지붕
기와를 얹은 지붕이 앞뒤로 2개뿐이고 좌우 옆면은 없는 지붕을 말해요. 보통 대문의 지붕으로 많이 사용되며 수덕사 대웅전, 강릉 객사문도 맞배지붕이에요.

모임지붕
지붕의 각 면이 모여 뿔 모양을 한 지붕이에요. 사각뿔 모양은 '사모지붕', 육각뿔 모양은 '육모지붕', 팔각뿔 모양은 '팔모지붕'이라고 해요.

우진각지붕
기와를 얹은 지붕이 앞뒤 좌우 4개 면을 갖춘 지붕이에요. 맞배지붕의 좌우에 한 면씩 덧붙였다고 보면 돼요. 숭례문과 흥인지문이 우진각지붕이에요.

팔작지붕
가장 흔히 볼 수 있는 지붕으로, 지붕 옆면의 위쪽 일부(삼각형 모양)에 기와를 얹지 않고 아래쪽에만 기와를 올린 지붕이에요. 맞배지붕과 우진각지붕보다 더 화려해요.

1377년
《불조직지심체요절》 간행

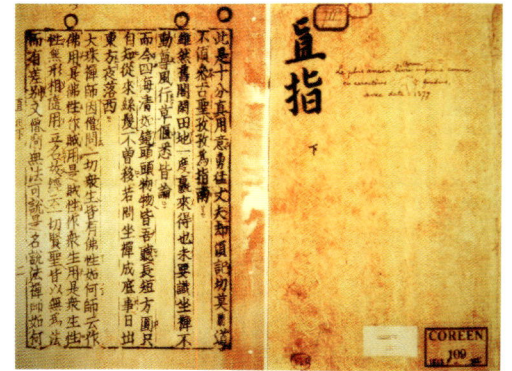

《불조직지심체요절》
1377년, 프랑스 파리국립도서관

흔히 《직지심경》이라고 불러요. 세계에서 가장 오래된 금속 활자본으로 충북 청주시 흥덕사에서 간행되었어요. 1455년 독일 구텐베르크가 금속 활자를 이용해 성경을 간행한 때보다 70여 년 앞선 것이지요. 이 책은 상하 2권으로 현재는 하권만 프랑스 파리국립도서관에 소장되어 있으며, 2001년 유네스코 세계기록유산으로 지정되었어요.

1388년
위화도 회군

이성계의 위화도 회군

고려 말 명나라는 무리한 조공을 요구하며 고려 땅을 일방적으로 자기네 땅으로 편입시켰어요. 1388년 고려 우왕은 이에 맞서기 위해 5만여 명의 병사를 동원해 요동 정벌을 감행했어요. 이성계는 이 작전에 반대했지만 국왕의 명령에 따라 군사를 이끌었지요.

압록강 하류에 있는 위화도에 이르렀을 때 병사들은 많이 도망쳤고 비가 내려 강을 건너기가 어려웠어요. 이성계는 왕에게 전쟁 중단을 요청했으나 받아들여지지 않았어요. 그러자 이성계는 군사를 되돌려 수도인 개경으로 향했어요. 이성계는 개경에 입성해 실권을 장악했어요. 위화도 회군을 통해 이성계는 조선 왕조 창건의 기초를 마련했지요.

개성의 고려 문화유적지

개성은 고려 때 '개경'이라 불리며 고려의 수도로 500여 년간 최고의 중심지였어요. 한반도의 가운데에 있으며, 개성을 둘러싸고 흐르는 강은 외국과 무역할 수 있는 교통로 역할을 했어요. 고려 때의 개경은 번창한 중심지였을 거라 추측하고 있어요. 지금까지 남아 있는 유적지는 고려의 왕궁이 있었던 만월대 터를 비롯해 선죽교, 왕건왕릉, 공민왕릉, 개성 성균관, 개성 첨성대 등이 있어요.

선죽교
북한 국보문화유물, 북한 개성시 선죽동

우리에게 가장 익숙한 개성의 고려 문화유산이에요. 선죽교는 고려의 운명이 기울어 가던 1392년 고려의 충신 정몽주가 조선의 이방원 일파에게 죽임을 당한 곳이지요. 조선의 태조 이성계의 아들인 이방원은 훗날 조선의 3대 왕인 태종이 된 인물이에요.

왕건왕릉
북한 국보문화유물, 높이 8m, 지름 19m, 북한 개성시 개풍군

태조 왕건의 무덤이에요. 부인인 신혜왕후가 함께 묻혀 있어요. 둥그렇게 흙을 쌓아 올린 봉분 둘레에는 12각 모양으로 돌을 조각해 장식했고 무덤 주변은 돌로 만든 인물상과 동물상 등을 세워 놓았어요.

공민왕릉
북한 국보문화유물, 고려 시대, 높이 6.5m, 지름 13m, 북한 개성시 개풍군

공민왕릉 내부에는 구름 위에 둥둥 떠 있는 듯한 12지 신상 벽화가 그려져 있지요. 공민왕은 죽어서도 노국공주와 만나고 싶어 두 무덤의 돌방(석실)에 통로를 만들어 놓았어요.

고려 시대가 한눈에 쏙!

고구려의 정신을 계승한 고려는 우리의 문화가 한층 더 성숙해져가는 시기의 국가였어요. 불교 문화를 토대로 찬란한 문화가 꽃피었지요. 고려를 대표하는 문화유산으로는 단연 고려청자를 들 수 있어요. 자기는 고도의 과학 기술 없이는 만들 수 없는 것으로, 당시 자기를 만들 수 있는 나라는 중국과 고려뿐이었어요. 고려 시대에는 또 화려하고 섬세한 불화를 그렸어요. 고려 불화는 세계 불교 역사상 가장 화려한 미술품으로 평가 받고 있어요. 한편《직지심경》에서 볼 수 있듯이 고려는 뛰어난 금속 활자 인쇄 기술을 보유한 나라였어요.

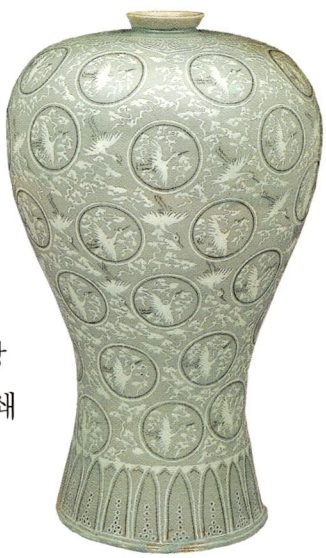

찬란한 고려청자

우리나라에서 청자가 처음 만들어지기 시작한 것은 10세기경이에요. 좋은 흙을 골라내고 그것으로 그릇을 만든 다음 유약을 바르는데, 유약을 만드는 데는 배합 기술이 필요했어요. 특히 유약을 바른 그릇을 1300도 이상의 높은 온도에서 굽는 것은 청자 제작에서 가장 힘든 일이었어요. 이처럼 고려청자는 고도의 과학 기술의 산물이지요.

고려청자는 도자기의 종주국인 중국에서조차 감탄을 했을 정도로 뛰어났어요. 또 붉은 안료를 이용해 붉은색을 내는 진사 기법도 구사했는데 이 역시 고려청자에서만 볼 수 있어요.

섬세하고 화려한 불화

태조 왕건은 불교를 숭상했어요. 그래서 고려를 '불교의 나라'라고도 부르지요. 이에 어울리게 다양하고 수준 높은 불교 미술 문화를 발전시켰어요. 그중 불교 회화가 가장 대표적인 장르이지요.

불화는 불경이나 부처의 일생에 관한 내용을 그린 그림이에요. 고려 불화는 매우 섬세하고 화려해 세계적으로 그 유례가 없는 우수한 불교 미술로 평가 받아요.

인쇄 문화의 발달

고려의 문화유산 중 인쇄 문화와 관련된 가장 대표적인 것이 바로 팔만대장경이에요. 13세기 몽골의 침입을 불심으로 물리치기 위해 고려인들이 12년에 걸쳐 만든 것이지요. 각종 불경의 내용을 종합한 이 대장경은 그 양과 내용이 세계에서 가장 방대해요. 그 가치를 인정받아 팔만대장경은 현재 유네스코 세계기록유산으로 지정되어 있어요. 세계에서 가장 오래된 금속 활자본인《직지심경》도 고려의 위대한 인쇄 문화 유산이에요. 금속 활자본은 금속 활자를 이용해 찍은 책이라는 뜻이지요.

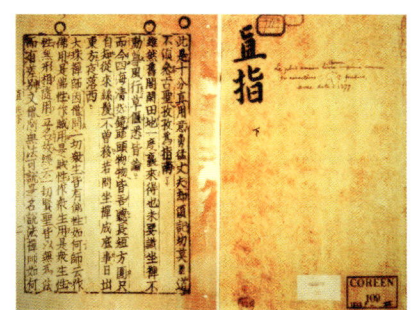

한국 건축의 전형

우리의 옛날 건물들은 모두 나무로 지은 목조 건축물이었어요. 그래서 아주 오래된 목조 건축물은 거의 남아 있지 않아요. 다행히 고려 시대 건축물 중 몇 개가 남아 있지요. 안동 봉정사 극락전, 예산 수덕사 대웅전, 영주 부석사 무량수전이 우리나라에서 오래된 목조 건축물로 손꼽혀요.

똑똑해지는 문화유산 퀴즈

01 고구려의 정신을 계승했으며 불교의 나라로 불리는 나라는 어디인가요?
02 스님의 사리를 모셔 놓은 탑은 무엇인가요?
03 세계에서 가장 오래된 금속 활자본은 무엇인가요?
04 높은 온도의 가마에서 두 번 구워 만든 고려의 대표적인 문화유산은 무엇인가요?
05 왕실에서 만든 최초의 역사서로 김부식과 학자들이 만든 것은 무엇인가요?
06 세계기록문화유산으로 불교 경전을 나무판에 새긴 것은 무엇인가요?

정답 01 고려 / 02 승탑 / 03 《직지심경》 / 04 고려청자 / 05 《삼국사기》 / 06 팔만 해인사 대장경판(팔만대장경)

조선 시대의 문화유산

조선 시대는 유교 국가였기 때문에 조선의 문화유산은 삼국이나 통일 신라, 고려 등
불교 시대의 문화유산과 차이가 있어요. 유교적 정신을 반영한 것이 많이 전해 와요.

조선 전기

조선의 수도, 한양

이성계는 조선을 건국하고 1394년 수도를 한양(지금의 서울)으로 옮겼어요. 한양은 나라의 중심에 있고, 한강이 있어서 육로와 수로를 통한 교통이 편리한 지역이었지요. 또한 산으로 둘러싸여 외적의 침입을 방어하는 데도 유리하고 주변에 넓은 평야도 있어서 수도로 적합했어요. 조선은 나라를 방어하고 유교 국가로서의 면모를 갖추기 위해 한양에 성곽을 쌓고 궁궐, 종묘 등을 지었어요.

1300년

1392년
조선 건국,
수도를 개경
(개성)으로 정함

1394년
수도를
한양(서울)으로
옮김

1395년
<천상열차
분야지도> 각석
제작

서울 한양도성

1396년, 사적, 서울 종로구
조선의 수도였던 한양을 방어하기 위해 동서남북을 빙 둘러가며 성곽을 쌓았어요. 이후 흙으로 된 부분을 돌로 다시 쌓는 등 여러 번 수리를 거쳤어요.

숙정문

돈의문

흥인지문(보물)

4대문

서울 한양도성의 동서남북에는 사람들이 드나들 수 있는 4개의 커다란 문이 있었고 이를 4대문이라고 했어요. 동대문인 흥인지문(興仁之門), 서대문인 돈의문(敦義門), 남대문인 숭례문(崇禮門), 북대문인 숙정문(肅靖門)이에요. 이들 4대문 가운데 돈의문은 일제 강점기 때 파괴되었어요. 숭례문은 2008년 2월 방화 화재로 불에 타 2013년 복원했어요.

숭례문(국보)

사직단

1396년, 사적, 서울 종로구
사직단은 토지의 신인 사(社)와 곡식의 신인 직(稷)에게 제사를 지내는 제단이에요. 좌묘우사(左廟右社)의 원칙에 따라 경복궁 좌측(동쪽)에 종묘를, 경복궁 우측(서쪽)에 사직단을 배치했다고 해요. 이곳에서 지내는 제사를 '사직대제'라고 부르며 국가무형문화재예요.

조선 시대의 통행금지

조선 시대 때 서울 한양도성은 아무 때나 드나들 수 없었어요. 문을 열고 닫는 시간이 정해져 있었지요. 도성 안에는 임금이 생활하는 궁궐도 있고 중요한 관청과 건물들이 모여 있었기 때문에 출입 관리를 엄격히 했어요. 대개 밤 10시가 되면 종을 치고 4대문을 모두 닫았다가 새벽 4시경에 4대문을 열었어요. 일종의 통행금지였다고 할 수 있지요.

1396년
<조선 태조 어진>
그림(이후 1872년
다시 모사함)

종묘
1395년, 사적, 서울 종로구

종묘는 조선 왕조의 역대 왕과 왕비의 위패를 모시고 제사를 지내는 곳이에요. 이 제사를 '종묘 제례'라고 하고, 종묘 제례를 올릴 때에는 '종묘 제례악'을 연주해요. 1394년 12월 종묘의 정전(正殿)을 짓기 시작해 1395년 9월 완공했어요. 조선 시대 사람들에게 조상을 모시는 것은 가장 기본적인 유교적 도리였어요. 종묘는 유네스코 세계유산으로 지정되어 있어요. 종묘 제례와 종묘 제례악도 모두 우리나라의 국가무형문화재이자 유네스코 인류무형문화유산으로 지정되어 있어요.

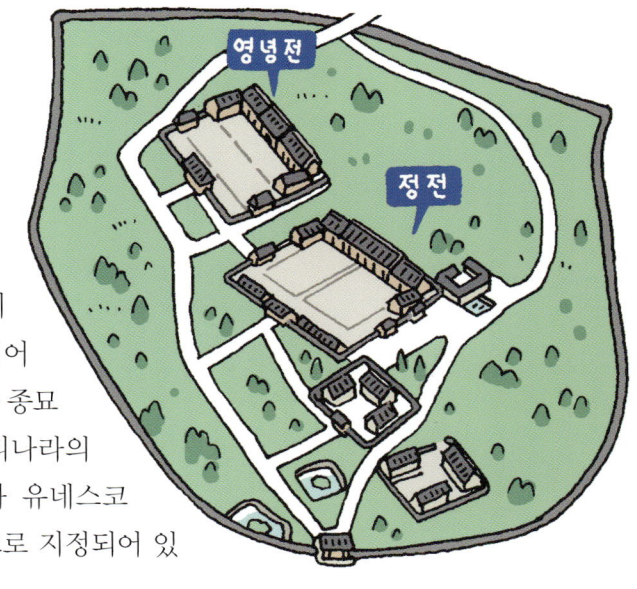

종묘 정전(국보)

1400년

1434년
장영실,
앙부일구(해시계),
자격루(물시계)
발명

<혼일강리역대국도지도>
1402년, 164×148cm, 일본 류코쿠대학

우리나라 최초의 세계지도로 1402년 태종의 명에 따라 만들었어요. 지도 중앙에는 중국이 있고 그 동쪽에 조선, 아래쪽에 일본이 있어요. 15세기 당시로서는 동서양을 막론하고 가장 정확한 세계(구대륙)지도로 알려져 있어요.

1443년
훈민정음 창제

세종대왕의 훈민정음 창제

세종대왕은 집현전 학자들과 함께 1443년에 한글을 만들어 1446년에 공식적으로 알렸어요. 많은 사람들이 쉽게 배우고 편히 사용할 수 있도록 한글을 만들었지요. 세종대왕은 한글을 '백성을 가르치는 바른 소리'라는 뜻의 훈민정음(訓民正音)이라 이름 붙였어요. 한글 창제는 우리 민족의 역사상 가장 위대한 발명이며, 훈민정음은 국보로 지정되어 있어요.

1446년
훈민정음 반포

《용비어천가》
1447년, 보물, 계명대학교 동산도서관·서울역사박물관 외

《용비어천가》는 한글로 엮은 최초의 책이에요. 세종은 한글을 만든 뒤 반포하기 전인 1445년에 《용비어천가》를 짓고 1447년에 펴냈어요. 태조와 태종을 비롯해 그 이전 왕들의 공덕을 찬양하고 조선 건국이 하늘의 뜻임을 밝혀 조선 왕조 창업의 정당성을 보여주기 위한 서사시라고 할 수 있어요.

1447년
안견,
<몽유도원도>
그림

<몽유도원도>
1447년, 안견, 비단에 담채, 106.5×38.7cm, 일본 덴리대학

조선 전기의 대표적인 산수화로 세종 때의 화원이었던 안견이 그렸어요. 몽유도원은 '꿈속에서 무릉도원을 노닐다'라는 뜻이에요. 이 그림은 세종대왕의 아들인 안평대군의 꿈을 화폭으로 옮긴 작품이에요.

《동국정운》
1448년, 국보, 간송미술관·건국대학교박물관

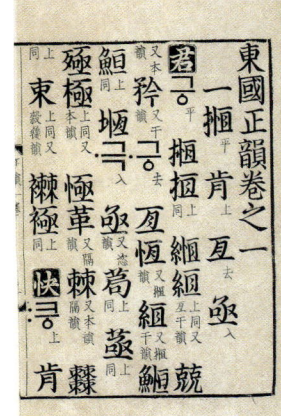

《동국정운》은 훈민정음 반포 2년 뒤인 1448년 신숙주, 최항, 박팽년 등이 펴낸 우리나라 최초의 표준음에 관한 책이에요. 동국정운은 '우리나라의 바른 음'이라는 뜻이지요. 당시 혼란스럽던 우리나라의 한자음을 바로잡아 통일된 표준음을 정하기 위해 만든 책이에요.

서울 원각사지 10층 석탑

1467년, 국보, 높이 12m, 서울 종로구 탑골공원
조선 시대를 대표하는 탑이에요. 늘씬하게 솟아올라간 몸매, 각 층마다 세련된 모양의 몸체(탑신)와 지붕돌(옥개석), 다양하고 화려한 조각 등 한국의 석탑에서 찾아보기 어려운 독특한 아름다움을 자랑해요.

〈고사관수도〉

15세기, 강희안, 종이에 수묵, 15.7×23.4cm, 국립중앙박물관
바위에 기대 물을 바라보며 사색에 빠진 선비의 모습을 그린 문인화예요. 고사관수는 '학문과 정신이 높은 선비가 물을 바라본다'라는 뜻이지요.

옛 그림의 표현 방식

조선 시대 때 그림은 대부분 붓에 먹을 묻혀 한지나 비단에 그림을 그렸어요. 이런 그림을 '수묵화'라고 불러요. 수묵화를 그릴 때는 먹물의 농담(진하고 묽은 정도)을 조절하며 연하게 칠하거나 진하게 칠하기도 하면서 원하는 것을 표현했지요. 물론 옛 수묵화에는 먹물의 검은색 외에도 다른 색이 칠해져 있는 경우도 있어요. 다른 색을 연하게 칠한 그림을 '수묵담채화'라고 해요. 담채는 연한 색깔, 또는 연하게 색을 칠하는 것을 뜻해요. 좀 더 화사하고 진하게 색을 칠한 그림은 '진채화'라고 불러요.

조선 중기

1592년 임진왜란 일어남

창경궁 자격루 누기

1536년, 국보, 국립고궁박물관
1434년 세종대왕의 명으로 장영실이 만든 자동 물시계예요. 처음 만든 자격루는 임진왜란 때 불에 타 사라졌고 이후 1536년에 다시 제작한 자격루의 일부가 남아 있어요. 자격루는 일정한 속도로 흘려보낸 물이 정해진 시간마다 구슬을 건드리면 이것이 종, 북, 징을 쳐서 시간을 알려 주지요.

거북선

거북선은 임진왜란 때 왜군을 물리쳤던 조선 시대의 대표적인 전투선이에요. 거북 모양이라고 해서 '귀선(龜船)'이라고도 불러요. 거북선은 원래 조선 초 태종 때부터 사용했어요. 그러나 우리가 흔히 말하는 거북선은 충무공 이순신 장군이 만든 거북선을 가리키지요. 거북선은 임진왜란 때 잇따른 해전에서 승리하면서 돌격선으로서의 명성을 유감없이 발휘했어요.

1600년

1610년 허준, 《동의보감》 지음

《동의보감》

1610년, 국보, 국립중앙도서관·한국학중앙연구원·서울대학교 규장각
《동의보감》은 허준(1539~1615년)이 1596년부터 1610년에 걸쳐 완성한 의학서예요. 허준은 체계적인 조선의 의학을 확립해 백성들의 건강을 돌보고자 하였고 연구에 매진해 위대한 의학서를 만들어 냈어요. 1613년 간행된 초판본은 유네스코 세계기록유산으로 지정되었어요. 17세기 동아시아 의학을 집대성한 《동의보감》은 이후 가장 널리 사용된 의서로 일본, 중국에까지 전해져 전통의학 발전에 크게 이바지했어요.

 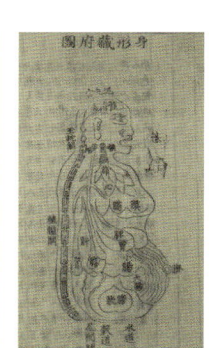

보은 법주사 팔상전

1625년, 국보, 높이 24m, 충북 보은군 법주사
지금까지 우리나라에 남아 있는 유일한 목조탑(나무로 만든 탑)이며, 현존하는 우리나라의 탑 가운데 제일 높아요. 5층 지붕 위에는 탑 형식의 장식이 있어요. 이 목조탑은 임진왜란 이후에 다시 짓고 1968년에 해체·수리했어요. 벽면에 부처의 일생을 8개 장면으로 구분하여 그린 팔상도(八相圖)가 있다고 해서 팔상전이라는 이름이 붙었어요.

창덕궁

1610년, 사적, 서울 종로구

경복궁의 보조 궁궐 형식으로 지어졌어요. 임진왜란 때 경복궁과 창덕궁이 모두 불타자 1610년 다시 지어 조선의 대표적인 궁궐의 역할을 하게 되었어요. 친환경적인 궁궐이라는 점, 원형이 잘 보존되어 있다는 점 등을 높게 평가 받아 유네스코 세계문화유산으로 지정됐어요.

창경궁

1616년, 사적, 서울 종로구

창경궁은 성종 때인 1483년에 세운 궁궐이에요. 왕이 나랏일을 보거나 기거했던 곳은 아니고 창덕궁의 공간이 부족해 왕의 어머니인 대비를 위해 별도로 만든 별궁이지요. 임진왜란 때 모두 불타 버려서 광해군 때인 1616년에 다시 지었어요.

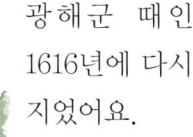

1636년 병자호란

남한산성

1626년, 사적, 경기 광주시 남한산성면

수도 한양의 남쪽을 지키는 산성이었어요. 1636년 중국 청나라는 10만의 군사를 이끌고 조선에 쳐들어 왔는데 이를 '병자호란'이라고 해요. 인조 임금은 남한산성으로 피신해서 청나라 군과 싸웠어요. 45일을 버텼으나 더 이상 불가능해지자 인조는 세자와 함께 성문을 열고 삼전도(지금의 서울 송파구)에서 치욕적인 항복을 했어요.

1639년 서울 삼전도비 세움

1653년 네덜란드인 하멜, 제주도 표착

서울 삼전도비

1639년, 사적, 높이 3.95m, 서울 송파구 잠실동

병자호란 때 조선이 청나라에 패배한 뒤 청의 요구에 따라 세운 석비예요. 비석에는 전쟁에서 승리한 내용, 청나라 태종의 공덕 등이 새겨져 있어요.

혼천의 및 혼천시계

1669년, 국보, 고려대학교박물관

천문학자 송이영이 만든 천문 시계예요. 추의 무게로 진자를 움직여 시간을 표시하고 해와 달 등 천체의 운동까지 보여 주지요. 천체관측기구인 혼천의가 설치되어 함께 움직이게 제작되었어요.

앙부일구

17~18세기, 보물, 국립고궁박물관·국립경주박물관 외

세종 때 장영실, 이천 등이 만든 해시계예요. 앙부일구(仰釜日晷)는 '우묵한 솥이 하늘을 바라본다'라는 뜻이에요. 세종 당시에 만든 것은 사라졌고 그 후 17~18세기에 제작된 앙부일구가 여러 점 있어요. 우묵한 원판에 가로세로로 줄을 긋고 그 위에 바늘을 만들어 놓은 모습이에요. 눈금 위로 바늘의 그림자가 비치면 그림자의 길이와 위치 등에 따라 시간과 계절, 절기를 알 수 있어요.

조선 후기

백자 청화 죽문 각병
18세기 전기, 국보, 높이 40.6cm, 국립중앙박물관

각진 모양이 특징이며 선비의 곧은 절개를 나타내는 대나무 무늬가 격조 있어요. 이처럼 푸른 물감으로 무늬를 넣은 백자를 '청화백자'라고 해요.

검소하고 깨끗한 조선백자
조선백자는 조선 시대에 만들어진 백자를 뜻하며, 고려청자처럼 화려하지도 않고 분청사기처럼 대담하지도 않아요. 대신 장식을 최대한 자제하면서 깨끗함을 추구했어요. 여기에는 조선 시대의 검소하고 절제된 유교 문화와 선비 정신이 담겨 있어요.

백자 달항아리
백자 달항아리는 17세기 후기~18세기 전기에 유행했던 무늬가 없는 순백자예요. 높이가 대개 40cm를 넘어 둥글고 커다란 모습이 달덩어리같다고 해서 '달항아리'라는 이름이 붙었지요. 넉넉함과 여유로운 분위기가 풍겨요.

백자 달항아리(국보)

〈윤두서 자화상〉
18세기 초, 윤두서, 국보, 종이에 수묵, 20.5×38.5cm, 고산윤선도전시관

〈윤두서 자화상〉은 놀랍고도 섬뜩할 정도로 사실적이에요. 눈매는 부리부리하고 수염은 거울을 보고 그린 듯 한 올 한 올 그대로 드러나 있어요. 여기에 상체를 비롯해 두 귀와 목이 없이 사람을 매섭게 노려보고 있는 듯하지요. 화면 전체에서 윤두서의 기가 뿜어져 나오는 듯하고 세상을 똑바로 응시하려는 선비로서의 꼿꼿한 정신이 가득 차 있는 명작이에요.

사라진 상체의 비밀
1937년 조선 총독부가 펴낸 도판집에 보면 〈윤두서 자화상〉을 찍은 사진이 있는데, 놀랍게도 목과 상체가 선명하게 남아 있어요. 아마도 세월이 흐르면서 몸체의 윤곽선이 지워진 것이 아닌가 추정하고 있지요. 또한 2006년에는 X선으로 작품을 촬영했더니 옷의 선은 물론이고 얼굴 양옆으로 귀를 그린 흔적이 나타났어요. 원래 윤두서가 귀와 목, 옷도 그리려 했으나 마무리를 짓지 못한 것일 수 있다는 추측도 있어요.

관념 산수화와 실경 산수화
조선 시대 화가와 선비들은 자연을 즐겨 그렸어요. 이를 '산수화'라고 하지요. 조선 전기에는 자연을 그리면서 거기에 자신의 정신이나 생각하는 바를 담으려고 했어요. 실제 자연 그대로가 아닌 상상 속의 자연을 그린 '관념 산수화'가 많았지요. 조선 후기에는 실제의 우리 산천을 화폭으로 옮기는 '실경 산수화(진경 산수화)'를 그리기 시작했어요.

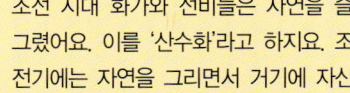

18세기 중기
이인상, 〈송하관폭도〉 그림

1762년
사도세자, 뒤주에 갇혀 죽음

정선 〈금강전도〉
1734년, 국보, 종이에 담채, 94.5×130.8cm, 삼성미술관 리움

조선 후기 실경 산수화의 대표작이자 금강산 그림 가운데 가장 유명한 작품이에요. 겸재 정선(1676~1759년)은 금강산의 모습을 특이하게도 둥그런 원형으로 표현했고 산봉우리를 길쭉하게 그렸어요. 전체적으로 매우 독특하면서도 힘이 넘치는 그림이에요.

정선 〈인왕제색도〉
1751년, 국보, 종이에 수묵, 138.2×79.2cm, 국립중앙박물관

비가 그친 인왕산의 모습을 그린 그림이에요. 인왕산은 경복궁 서쪽에 있으며, 근처에 살았던 정선은 비가 흠뻑 내린 뒤 산 중턱에서부터 날씨가 개는 인왕산의 모습을 그림으로 남겼어요. 짙은 소나무 사이사이에 피어오르는 물안개를 사실적으로 표현해 장엄한 분위기를 연출했어요.

1776년
정조,
규장각 설치

1783년
박지원,
《열하일기》 지음

1796년
수원 화성 완공

김홍도 《풍속도 화첩》
18세기 후기, 보물, 종이에 수묵담채, 각 22.4×26.6cm, 국립중앙박물관

김홍도의 《풍속도 화첩》에는 25점의 풍속화가 실려 있어요. 〈씨름〉, 〈서당〉, 〈무동〉 등이에요. 백성들의 일상의 모습과 움직임을 간략하지만 특징적으로 잘 표현했어요.

신윤복 《풍속도 화첩》
18세기 말~19세기 초, 국보, 종이에 채색, 각 35×28cm, 간송미술관

신윤복의 《풍속도 화첩》은 30점의 풍속화를 모은 화첩이에요. 실린 그림은 모두 한량과 기생들의 사랑 놀음, 즉 양반들의 유흥 문화를 화사하게 표현한 작품들이에요.

〈씨름〉

〈서당〉

〈월하정인〉

〈단오풍정〉

조선 시대 3대 풍속 화가
단원 김홍도(1745~1806년경), 긍재 김득신(1754~1822년), 혜원 신윤복(1758~?)은 조선 시대 3대 풍속 화가로 꼽혀요. 김홍도와 김득신이 서민들의 일상과 애환을 진솔하면서도 해학적으로 표현했다면 신윤복은 양반과 기녀의 사랑 등 양반들의 유흥 문화를 보여 주었지요.

1800년

1801년
정약용,
강진 유배

공주 충청감영 측우기
1837년, 국보, 높이 31.2cm, 지름 14.5cm, 국립기상박물관

1442년에 처음 제작한 측우기는 빗물을 받아 강우량을 재는 계기예요. 현재 세종 때 만든 측우기는 남아 있지 않고 1837년에 만든 한 점만 전해 와요. 측우기는 원통형으로 되어 있고 측우대라는 받침돌에 끼워 세워 놓고 빗물을 받아 강우량을 측정했어요.

1844년
김정희,
〈세한도〉 그림

김정희 〈세한도〉
1844년, 국보, 종이에 수묵, 69.2×23cm, 국립중앙박물관

19세기의 대표적 문예사상가였던 추사 김정희(1786~1856년)가 그렸으며, 조선 시대 문인화 가운데 최고작으로 꼽히는 작품이에요. 〈세한도〉는 제주에서 유배 생활을 하고 있을 때 유배지에서의 심경을 표현한 그림이에요. 세한(歲寒)은 가장 매서운 겨울 추위를 뜻해요. 따라서 세한도는 '추운 세월의 그림'이라는 뜻이지요.

1861년
김정호,
〈대동여지도〉
제작

〈대동여지도〉
1861년, 보물, 성신여자대학교박물관·서울역사박물관·서울대학교 규장각

김정호(?~1866년)가 제작한 지도예요. 조선 시대 지도 가운데 가장 정확하고 정밀한 편집지도로 평가 받고 있어요. 우리나라의 지리를 여러 장의 목판에 새기고 이것을 찍어 내 22장의 지도로 만들었어요. 이렇게 만든 22장을 위아래로 연결하면 3.8×6.7m의 거대한 지도가 완성되지요.

조선 시대의 지도 제작은 19세기 김정호에 의해 완성 단계에 이르렀어요. 김정호는 평생을 지리학 연구에 매진해 완벽한 지도와 지리서를 만들었지요.

조선 시대의 문화유산

《조선왕조실록》

1392~1863년, 국보, 국립고궁박물관·서울대학교 규장각 외

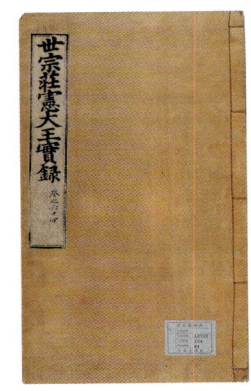

조선 시대의 왕실에서 일어난 일을 매일 기록한 역사서예요. 조선의 1대 임금인 태조 때부터 25대 임금인 철종 때까지 472년(1392~1863년) 동안의 역사를 날짜 순서로 기록해 놓았어요.

《승정원일기》

1623~1910년, 국보, 서울대학교 규장각

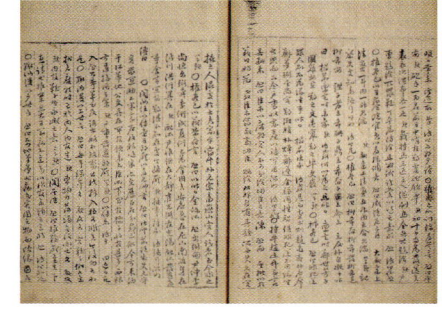

지금의 대통령 비서실에 해당하는 승정원에서 기록한 일기예요. 그 가치를 높이 인정받아 유네스코 세계기록유산으로 지정되었어요. 세종 때부터 기록되었으나 1623년부터 1910년까지의 일기만 전해 오고 있어요.

1867년 임진왜란 때 불에 탄 경복궁 다시 지음

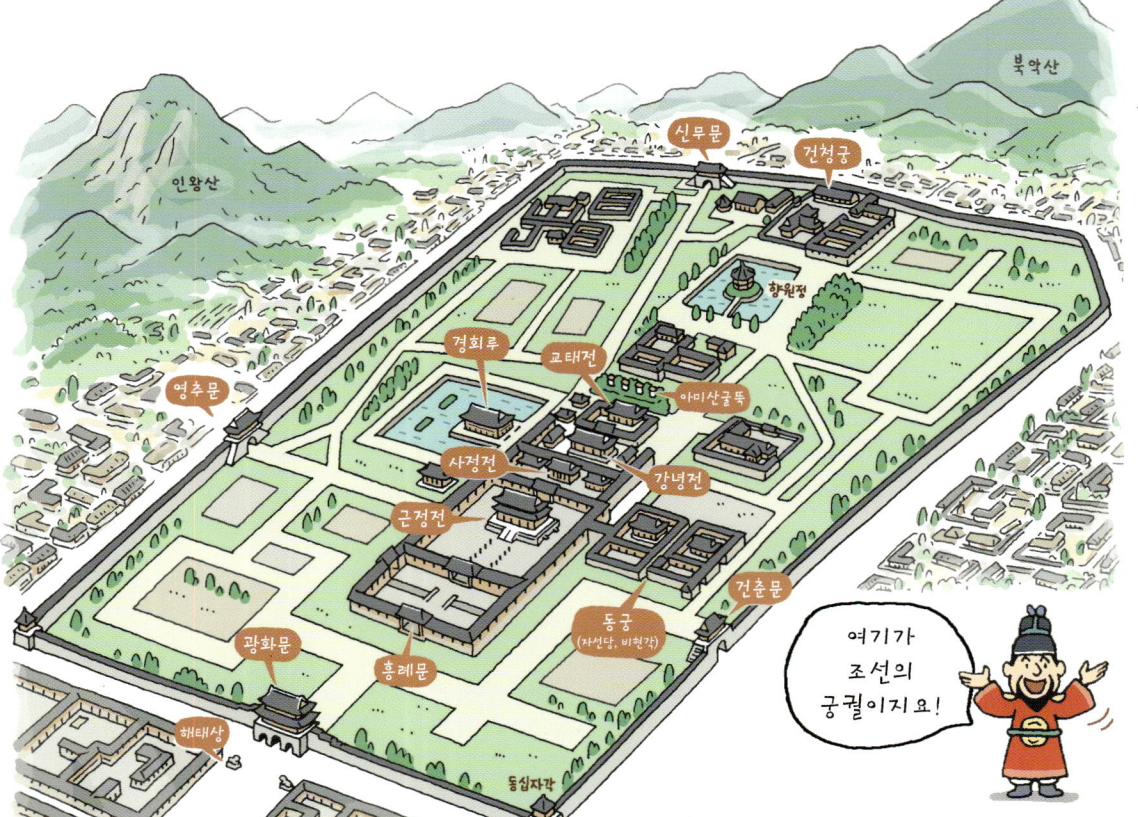

경복궁

1867년, 사적, 서울 종로구

경복궁은 1395년 세운 조선 왕조 최고 권위의 궁궐이에요. '경복'은 조선이 큰 복을 누리며 번영한다는 뜻이에요. 경복궁은 1592년 임진왜란 당시 불에 타 완전히 없어졌어요. 이후 1867년 흥선대원군에 의해 다시 지어졌지요.

경복궁 근정전

1867년, 국보, 경복궁

경복궁 근정전은 왕의 즉위식을 거행하거나 외국 사신을 맞이하던 곳으로 경복궁의 중심 건물이에요. 태조 때인 1395년 지었는데 임진왜란 때 불타 버렸고 1867년 다시 지었어요. 근정전의 앞마당은 '조정'이라고 하며 얇은 돌(박석)을 깔아 놓았고 한가운데에는 근정전으로 오르는 길이 나 있어요. 길의 좌우보다 가운데가 더 높은데 임금이 다니는 길이기 때문이에요. 가운데와 좌우로 길이 나뉘어 있다고 해서 이 길을 '삼도'라고 불러요. 삼도의 좌우에는 정1품, 종1품, 정2품, 종2품 등 직급을 표시해 놓은 품계석이 세워져 있어요. 중요한 행사가 열리면 신하들은 자신의 직급에 해당하는 품계석 앞에 서지요.

근정전의 드므

근정전 월대의 동서쪽에는 큼지막한 청동 물통이 있어요. 우리말로 '드므'라고 해요. 궁궐에 불이 났을 때를 대비해 물을 담아 놓던 그릇이에요. 옛 사람들은 드므에 물을 채워 놓으면 궁궐로 침입해 오던 화마(화재를 마귀에 비유하는 말)가 물 위에 비친 자신의 무서운 모습을 보고 놀라서 달아난다고 믿었어요.

근정전 내부의 장엄함

근정전 건물 안을 들여다보면 그 웅장함에 놀라지 않을 수 없어요. 안쪽 한가운데에는 임금이 앉는 의자인 어좌(용상)가 있지요. 그 뒤로 〈일월오봉도〉라는 병풍이 있어요. 일월(日月)은 해와 달, 오봉(五峯)은 5개의 산봉우리라는 뜻이에요. 근정전의 천장을 올려다보면 여의주를 물고 있는 용 2마리가 조각되어 있는데 용은 임금을 상징해요.

조선 시대가 한눈에 쏙!

조선 시대에는 개인의 창의성과 사회적 이념을 두루 담아낸 뛰어난 예술품이 많이 만들어졌어요. 이들 작품과 그 전통이 지금까지 많이 전해 오기 때문에 우리에게 매우 친숙한 예술 문화유산이라고 할 수 있어요. 조선 시대의 미술은 유교 정신에 입각한 선비 문화의 하나였어요. 조선백자는 깨끗한 마음과 검소함, 선비 정신을 상징하지요. 분청사기는 꾸밈없는 소박함과 자유분방함을 보여 주는 문화유산이에요. 조선 시대 선비들은 '시서화일체'라고 해서 시를 짓고 글을 쓰고 그림을 그리는 일을 하나같이 중요하게 여겼어요. 그래서 산수화, 문인화 등의 그림을 많이 그렸지요. 조선 시대 사람들은 대상을 있는 그대로 그리는 것보다는 자신의 정신세계를 담아내 그림으로 표현하는 것을 중요하게 여겼어요.

조선의 궁궐

조선 왕조의 문화유산 가운데 가장 중요한 것은 바로 궁궐이에요. 궁궐은 임금이 생활하고 집무를 하는 공간이지요. 그렇다 보니 조선 시대 역사의 중요한 사건이 이곳에서 이뤄졌어요. 서울에는 5곳의 궁궐이 있으며 경복궁, 창덕궁, 창경궁, 경희궁, 덕수궁이에요.

한글 창제

조선 4대 왕 세종대왕은 1446년 한글을 창제해 반포했어요. 알기 쉽고 과학적인 한글을 창제함으로써 백성들은 복잡하고 어려운 한자 생활에서 벗어날 수 있게 되었지요.
세계의 수많은 문자 가운데 한글은 유일하게 만든 사람이 확인된 문자예요. 한글 창제는 세종의 과학적 지식이 없었으면 불가능한 일이었어요. 《훈민정음 해례본》은 훈민정음 창제 원리와 사용법 등을 기록한 소중한 문화유산이에요.

엄격한 기록 정신

조선은 엄격한 기록의 시대였어요. 임금이 일을 하는 궁궐에서는 매일 임금의 하루를 꼼꼼하게 기록했지요. 그러한 기록물이 바로 《조선왕조실록》, 《승정원일기》 등이에요. 특히 《조선왕조실록》은 조선 초대 임금인 태조 이성계부터 조선 25대 임금인 철종 때까지 472년간의 역사를 날짜 순서대로 기록한 것이에요. 세계 어느 나라에서도 찾아볼 수 없는 꼼꼼하고 엄격한 역사 기록물이라고 할 수 있어요.

분청사기와 조선백자

분청사기는 14세기 후반부터 16세기 후반까지 약 200년 동안 만들었던 자기예요. 청자 위에 하얀색 흙을 바른 뒤 거기에 무늬를 새겨 다시 구워 만들었어요. 분청사기는 조선백자와 달리 독특한 매력을 지니고 있어요. 그 특징은 자유분방하고 천진난만함, 낭만과 해학이에요. 표면 장식을 보면 소박하면서 경쾌하지요.
이에 비해 조선백자는 참으로 깨끗한 자기예요. 백자의 흰색은 조선 시대 유교 문화의 검소함과 조선 선비들이 추구했던 높은 이상을 상징해요. 조선백자 가운데 가장 널리 알려진 것은 백자 달항아리예요. 표면에 아무것도 그려 넣지 않고 크고 둥그렇게 만들었어요.

똑똑해지는 문화유산 퀴즈

01 1395년에 지어진 조선 왕조 최고 권위의 궁궐은 어디인가요?
02 조선 왕조의 역대 왕과 왕비의 위패를 모시고 제사를 지내는 곳은 어디인가요?
03 한글로 엮은 최초의 책은 무엇인가요?
04 임진왜란 때 왜군을 물리쳤던 조선 시대의 대표적인 전투선은 무엇인가요?
05 조선 시대에 허준이 만든 의학서는 무엇인가요?
06 조선 왕조 500년 동안 일어난 일을 매일 기록한 역사서는 무엇인가요?

정답: 01 경복궁 / 02 종묘 / 03 《용비어천가》 / 04 거북선 / 05 《동의보감》 / 06 《조선왕조실록》

근대의 문화유산

당시 우리나라는 서양의 선진 문물을 받아들이기보다는 그들과의 교류를 막는 쇄국에 치중했어요.
19세기 말부터 서양에서 신문물이 밀려 들어왔고 그 흔적이 근대 건축물에 많이 남아 있어요.

1800년

외세의 접근

19세기는 서양 열강들이 조선을 침략하기 위해 정탐하고 준비를 하는 시기였어요. 그래서 19세기 중반 이후 우리나라의 바닷가에는 영국, 미국, 프랑스 등 외국의 배들이 자주 나타났어요. 당시에는 이런 배를 이양선(異樣船)이라고 불렀어요. '낯선 모습의 선박'이라는 뜻이지요. 이들은 해로를 탐지하면서 조선의 정세를 살폈어요. 조선에 침입하기 위해 호시탐탐 기회를 엿보던 이양선은 결국 우리와 충돌하고 말았어요.

1866년 병인양요 (프랑스 군대가 침략)

1871년 신미양요 (미국 군대가 침략)

병인양요

1866년 병인년에 흥선대원군은 천주교 금지령을 내리고 프랑스인 선교사와 한국인 천주교도를 처형했어요. 이를 '병인박해'라고 하지요. 이 소식에 프랑스는 함대를 앞세워 강화도를 침략했어요. 이 사건을 '병인양요'라고 해요. 병인양요 때 프랑스군은 강화도를 점령하고 이곳의 행궁(임금의 임시 거처)과 외규장각 등 각종 건물에 불을 지르는 만행을 저질렀어요.

신미양요

1866년 미국의 상선 제너럴셔먼호는 조선에게 통상(나라간 무역)을 요구했어요. 실은 무역보다 자신들이 필요한 것을 가져가려는 의도가 컸어요. 조선은 이를 거절했고 화가 난 미국인들은 조선인을 감금, 살해하고 재물을 약탈해 갔어요. 이에 분노한 우리 관군과 백성들은 제너럴셔먼호에 불을 지르고 선원들을 공격했어요. 그리고 5년 뒤인 1871년 미군 함대는 제너럴셔먼호 사건을 핑계 삼아 조선의 강화도를 침략했어요. 그러나 피해가 커진 미군은 20여 일 만에 물러났고 이 사건이 '신미양요'예요.

강화 초지진·강화 덕진진

사적, 인천 강화군 길상면(강화 초지진), 인천 강화군 불은면(강화 덕진진)

강화 초지진과 강화 덕진진은 바다에서 침입해 오는 적을 막기 위해 건축한 군사적 요새예요. 강화 초지진은 1870년대 미국과 일본의 침략에 맞서 싸운 곳이지요. 1871년에 신미양요가 일어났을 때는 군기고, 화약 창고 등의 군사 시설물이 모두 파괴되었던 비극의 역사를 지니고 있어요. 강화 덕진진은 1866년 병인양요 때 양헌수의 군대가 이곳에서 프랑스 군대를 격파했어요.

흥선대원군 경고비

1867년, 인천 강화군 불은면

병인양요 이듬해 흥선대원군은 강화도의 덕진돈대 남단에 비를 세웠어요. '바다의 관문을 지키고 있으므로 외국 선박은 통과할 수 없다'는 뜻의 척화비로 흥선대원군의 쇄국 의지가 담겨 있어요.

1876년 강화도 조약

1884년 갑신정변

강화도 조약

1876년 강화도에서 조선이 일본과 맺은 조약이에요. 조선이 외국과 체결한 최초의 근대적 조약이지만 안타깝게도 불평등한 내용으로 되어 있어요. 이 조약은 모두 12개조로 되어 있고, 내용은 모두 일본의 정치적, 경제적 침략을 강화하려는 의도가 깔려 있지요.

1894년
동학농민운동
및 갑오개혁

우리나라 최초의 태극기!

태극기의 역사
지금 우리가 쓰고 있는 태극기는 1949년 제정해 공포한 것이에요. 하지만 태극기는 그 이전부터 만들어 사용했지요. 우리나라가 처음으로 태극기를 국기로 제정해 반포한 것은 고종 때인 1883년이에요.

태극기를 디자인한 박영효
태극기는 고종의 명에 따라 만들었어요. 직접 태극기를 디자인한 사람의 정확한 기록은 없지만 박영효가 디자인한 것으로 알려져 있어요. 1882년 8월 9일 수신사의 일행으로 배를 타고 인천에서 일본으로 건너가던 박영효가 태극과 4괘를 창안하고 태극기를 도안했다고 해요.

1895년
을미사변

1896년
아관파천

1896년
독립협회 결성 및 <독립신문> 창간

을미사변과 아관파천
서양 열강의 침략이 가속화되던 1895년, 일본은 경복궁 안의 건청궁에서 명성황후를 시해하는 만행을 저질렀어요. 이를 '을미사변'이라고 하지요. 그 후 고종은 신변에 위협을 느꼈고 1년 뒤인 1896년 덕수궁 옆 러시아 공사관으로 피신했어요. 이를 '아관파천'이라고 해요. '아관'은 러시아 공사관을 말하고 '파천'은 임금의 피란을 뜻하지요.

서울 구 러시아 공사관
1890년, 사적, 서울 중구 정동
고종 때 지은 르네상스풍의 2층 벽돌 건물이에요. 고종과 세자는 1896년 2월부터 이듬해 2월까지 이곳에서 지냈어요. 6·25전쟁으로 건물이 대부분 파괴되고 현재는 전망탑 부분과 지하 2층만 남아 있어요.

대한제국

1897년
고종, 대한제국 선포

대한제국
고종은 1897년 조선의 국호를 '대한제국'으로 바꾸고 스스로를 '황제'라고 칭했어요. 그리고 환구단에서 황제 즉위식을 올렸지요. 조선의 권위를 황제의 국가로 높이고 열강의 세력에 맞서 자주독립과 근대화를 이룩하기 위한 것이었어요.

우리나라는 자주독립국가이다!

환구단
1897년, 사적, 서울 중구 소공동
1897년 10월 고종이 황제 즉위를 하늘에 알리기 위해 제사를 올렸던 곳이에요. 1913년 일제에 의해 환구단은 헐리고 지금의 웨스틴조선호텔이 세워졌어요. 현재 환구단의 터에는 3층의 8각 건물인 황궁우와 석고 3개가 남아 있어요. 다른 곳으로 옮겨졌던 환구단 정문은 2009년에 복원했어요.

서울 독립문
1898년, 사적, 높이 14.28m, 폭 11.48m, 서울 서대문구 현저동
독립협회의 주도로 자주독립의 의지를 다짐하기 위해 프랑스 파리의 개선문을 본떠 만든 기념물이에요. 1896년 전 국민을 대상으로 모금 운동을 벌여 마련한 자금으로 만들었지요. 가운데에 무지개 모양의 홍예문이 있고, 왼쪽 내부에는 정상으로 올라가는 돌계단이 있어요. 홍예문의 가운데 이맛돌에는 대한제국을 상징하는 자두꽃무늬가 새겨져 있으며, 그 위로 앞뒤에는 한글과 한자로 '독립문'이라는 글씨와 태극기가 새겨져 있지요.

1899년
근대 교통수단 등장

전차
전차는 전기를 이용해 움직이는 열차예요. 1899년에 서울 서대문~종로~동대문~청량리의 약 8km 구간에서 국내 최초로 전차 운행이 시작되었어요. 이후 서울의 대표적인 교통수단으로 자리 잡았어요.

철도와 기차의 등장
철도는 1899년에 등장했어요. 우리나라의 철도는 일제가 침략과 약탈의 수단으로 건설했기 때문에 근현대사의 아픔이 고스란히 담겨 있어요. 같은 해에 서울 노량진에서 경인선 열차가 처음 개통한 이후 기차는 서울과 지방을 잇는 장거리 교통수단이었어요.

근대의 문화유산 37

서울 명동성당

1898년, 사적, 서울 중구 명동

서울 명동성당은 1898년 5월에 세워진 한국 천주교의 첫 본당 건물이에요. 국내 유일의 순수 고딕양식 건축물로 프랑스인 신부 코스트(한국 이름 고의선)가 설계했어요. 내부는 십자형의 평면으로 설계되었고, 본당의 높이는 23m이며 탑의 높이는 45m예요.

지하 묘지

서울 명동성당에서 빼놓지 말고 꼭 들러 봐야 할 곳은 제단 아래쪽에 있는 지하 묘지예요. 여기에는 19세기 천주교 박해로 희생당한 성직자와 일반 순교자의 유해를 봉안하고 있어요.

1900년

서울 한국은행 본관

1912년, 사적, 서울 중구 남대문로

우리나라 최초의 은행 건물로 1907년 공사를 시작해 1912년 완공했어요. 일제 강점기 때 조선은행 본점이었다가, 광복 후인 1950년에 한국은행 본관이 되었어요. 지금은 한국은행 화폐박물관으로 사용하고 있어요.

- 1905년 을사늑약 체결 후, 외교권 박탈
- 1907년 고종 강제 퇴위, 순종 즉위
- 1909년 안중근, 이토 히로부미 사살
- 1910년 국권 상실
- 1919년 3·1운동

3·1운동과 태화관

태화관은 1919년 3월 1일 민족 대표 33인 중 29명이 모여 독립 선언서를 낭독하고 독립을 선언한 장소예요. 민족 대표 29인은 태화관의 주인에게 조선 총독부에 전화를 걸어 민족 대표들이 독립 선언을 선포한다는 사실을 알리라고 했어요. 일본 경찰이 출동했고 '대한 독립 만세'를 외친 뒤 스스로 일본 경찰에 연행되었어요. 태화관은 원래 서울의 유명한 요릿집인 명월관의 별관이었어요. 현재는 태화빌딩이 있어요. 빌딩 바로 옆에 '삼일독립선언 유적지'라는 표지석이 설치되어 있지요.

이곳은 태화관이 있던 자리!

탑골공원

탑골공원은 3·1운동이 시작된 역사적인 장소예요. 1919년 3월 1일 수천 명의 학생들이 모여 독립 선언서를 낭독했던 곳이에요. 태극기를 흔들면서 탑골공원을 출발해 서울 곳곳에서 독립운동 시위를 전개했어요.

구 서울역사

1925년, 사적, 서울 중구 봉래동

우리나라의 대표적인 역인 서울역은 1922년 공사를 시작해 1925년에 완공되었어요. 서울역의 일제 강점기 때의 이름은 '경성역'이었어요. 유럽풍의 새로운 모습 덕분에 경성역은 당시 무척 화제였어요. 1층은 대합실로 사용했고, 2층에는 우리나라 최초의 양식당과 다방이 있었으며 지식인들이 즐겨 찾는 곳이었지요.

- 1932년 윤봉길, 훙커우공원에서 폭탄 투척
- 1940년 한국 광복군 결성
- 1945년 8·15 광복

격동의 근대사의 현장, 덕수궁 돌담길

19세기 말~20세기 초 덕수궁 주변 정동 일대는 조선 침략을 노리던 제국주의 열강들의 근거지였어요. 그래서 이곳에는 근대의 흔적을 보여 주는 문화유산이 밀집되어 있어요.

근대가 한눈에 쏙!

19세기 후반이 되면서 조선의 국운은 점점 기울어 가기 시작했어요. 주변 국가는 급속히 서양의 선진 문물을 받아들이는데 우리는 그렇지 못했기 때문이지요. 시대가 흐르면서 세계 각국의 교류는 활발해졌고 서양의 열강은 무역이 가능하도록 외국에 항구를 여는 조선의 개항을 요구했어요. 그러나 우리는 개항보다는 교류를 막는 쇄국에 치중했고 이로 인해 서양과 충돌하면서 나라가 흔들렸던 것이지요. 쇄국인가 개항인가의 혼돈 속에서 병인양요, 신미양요의 비극을 겪어야 했고 고종은 조선의 국호를 대한제국으로 바꿔 새로운 근대 국가를 만들고자 했어요. 고종의 노력에도 불구하고 1910년 조선(대한제국)은 끝내 국권을 잃어버리고 일본의 식민지가 되고 말았어요.

쇄국과 개항

19세기 후반의 조선은 격변기였어요. 세도 정치의 폐해가 극심하던 1863년 12세의 고종이 즉위하자 아버지인 흥선대원군이 대신해 나라를 다스렸어요. 흥선대원군은 세도 정치로 인해 약해진 왕권을 바로 세우고 개항을 거부하는 쇄국 정책을 추진했어요.

대한제국과 근대의 꿈

아관파천 이후 고종은 이듬해인 1897년 조선의 국호를 '대한제국'으로 바꾸고 왕의 칭호를 '황제'라 칭했어요. 조선을 중국과 대등한 황제의 국가로 선언하고 자주적이고 근대적인 개혁을 추진하기 위한 목적이었어요. 서울 중구 소공동에 있는 환구단은 고종이 대한제국을 선포하고 황제로 즉위한 곳이에요.

근대 건축물과 근대 문물

조선의 국운은 기울었지만 19세기 말~20세기 초 다양한 근대 문물들이 이 땅에 들어왔어요. 대표적인 것은 1899년 도입된 전차와 기차예요. 전기로 움직이는 전차는 서울 도심의 교통수단이었어요. 기차는 증기로 움직이는 열차로, 전차와 달리 전국 곳곳을 오가는 교통수단으로 자리 잡았어요. 근대 건축물도 많이 남아 있어요. 구 서울역사를 비롯해 서울 한국은행 본관, 서울 명동성당, 서울 정동교회 등이 대표적인 근대 건축물이에요.

독립운동과 문화유산

1910년 우리는 일본에 나라를 빼앗기고 식민지가 되었어요. 독립운동 가운데 가장 대표적인 것은 1919년 3월 1일 전국에서 불길처럼 타오른 3·1운동이었어요. 서울 종로구의 태화관 터와 탑골공원은 3·1운동의 불길이 처음 시작된 곳이에요. 그때 민족 대표 33인의 이름으로 낭독한 독립 선언서, 독립운동을 하다 일본 경찰에 체포되어 옥고를 치렀던 서울 서대문형무소 등도 독립운동과 관련된 문화유산이에요.

똑똑해지는 문화유산 퀴즈

01 프랑스의 함대가 강화도를 침략한 사건은 무엇인가요?
02 미국 함대가 제너럴셔먼호 사건을 핑계 삼아 강화도를 침략한 사건은 무엇인가요?
03 1876년 강화도에서 일본이 강제 체결한 불평등한 조약은 무엇인가요?
04 1897년 자주독립과 근대화를 위해 바꾼 조선의 국호는 무엇인가요?
05 자주독립을 위해 프랑스 파리의 개선문을 본떠 만든 기념물은 무엇인가요?
06 1912년에 지어진 우리나라 최초의 은행 건물은 어디인가요?

정답 01 병인양요 / 02 신미양요 / 03 강화도조약 / 04 대한제국 / 05 독립문 / 06 한국은행 본관

찾아보기

ㄱ
가야	12
간석기	4
강릉 한송사지 석조 보살 좌상	20
강화 덕진진	36
강화도 조약	36
강화 초지진	36
개성	26
개성 경천사 10층 석탑	25
개항	39
거북선	30
경복궁	34
경복궁 근정전	34
경주	10
경주 감은사지	15
경주 감은사지 동·서 3층 석탑	15
경주 구황동 금제 여래 좌상	15
경주 김유신묘	14
경주 남산	14
경주 동궁과 월지	14
경주 문무대왕릉	14
경주 부부총 금귀걸이	11
경주 분황사 모전 석탑	12
경주 불국사	15
경주 불국사 3층 석탑	16
경주 불국사 다보탑	16
경주 불국사 연화교 및 칠보교	15
경주 불국사 청운교 및 백운교	15
경주 석굴암 석굴	17
경주 천마총 〈장니 천마도〉	11
경주 첨성대	11
고구려	8
고대 국가	13
고려	20
고려 시대	20, 27
고려청자	22, 27
고령 지산동 고분군	12
〈고사관수도〉	30
고인돌	6
고조선	5
공민왕릉	26
공주 충청감영 측우기	33
관념 산수화	32
광개토대왕릉비	9
구례 화엄사 4사자 3층 석탑	17
구례 화엄사 각황전 앞 석등	17
구 서울역사	38
구석기 시대	4, 7
국내성	8
궁궐	35
근대	36, 39
근대 건축물	39
근대 문물	39
금동 미륵보살 반가사유상	10
금동 연가7년명 여래 입상	9
기차	37
김정호	33
김정희 〈세한도〉	33
김홍도 《풍속도 화첩》	33

ㄴ
남북국 시대	14, 19
남한산성	31
논산 관촉사 석조 미륵보살 입상	20
농경문 청동기	5

ㄷ
〈대동여지도〉	33
대한제국	37
덕수궁 돌담길	38
덧무늬 토기	4
도기	22
도자기	22
독립운동	39
돈의문	28
돌칼	5
《동국정운》	29
《동의보감》	30
드므	34
뗀석기	4

ㅁ
마애불	20
말머리 가리개	12
맞배지붕	25
모임지붕	25
목판 인쇄	23
몽고	23
〈몽유도원도〉	29
《무구정광대다라니경》	16
무령왕 금제 관식	9
무령왕릉	9
무령왕비 금동 신발	9
무용총 〈수렵도〉	9
미송리형 토기	5

ㅂ
박영효	37
발해	18
발해 고구려계 금제 관식	18
백자 달항아리	32
백자 청화 죽문 각병	32
백제	9
벽화 고분	8
병인양요	36
보은 법주사 팔상전	30
본존불	17
부여 군수리 금동 보살 입상	10
부여 정림사지 5층 석탑	10
분청사기	35
불국토	19
불꽃뚫음무늬 금동보관	8
불상	11
《불조직지심체요절》	26
불화	25, 27
비	21

ㅅ
사직단	28
《삼국사기》	23
삼국 시대	8, 13
《삼국유사》	24
삼국 통일	12
상원사 동종	15
서산 용현리 마애여래 삼존상	10
서울 구 러시아 공사관	37
서울 독립문	37
서울 명동성당	38
서울 북한산 신라 진흥왕 순수비	11
서울 삼전도비	31
서울 원각사지 10층 석탑	30
서울 한국은행 본관	38
서울 한양도성	28
석가탑	16
석등	18
선사 시대	4, 7
선죽교	26
성덕대왕 신종	16
세종대왕	29
쇄국	39
〈수월관음도〉	25
숙정문	28
순장	12
숭례문	28
《승정원일기》	34
승탑	21
신라	10
신라 금관	11
신라 진흥왕의 4대 순수비	11
신미양요	36
신석기 시대	4, 7
신윤복 《풍속도 화첩》	33
실경 산수화	32

ㅇ
아관파천	37
안동 법흥사지 7층 전탑	17
안동 봉정사 극락전	24
안악 3호분 〈행렬도〉	8
앙부일구	31
얼굴 무늬 조개	4
에밀레종	16
영주 부석사 무량수전	25
예산 수덕사 대웅전	25
오리 모양 토기	6
와당	18
왕건왕릉	26
《용비어천가》	29
우진각지붕	25
울주 대곡리 반구대 암각화	5
원주 법천사지 지광국사탑	22
원주 법천사지 지광국사탑비	22
위화도 회군	26
〈윤두서 자화상〉	32
은입사 기법	23
을미사변	37
이불 병좌상	18
익산 미륵사지 석탑	10
인쇄술	23

ㅈ
자기	22
장군총	8
전차	37
전형필	22
정문경	5
정선 〈금강전도〉	32
정선 〈인왕제색도〉	32
조선	28
조선백자	32, 35
조선 시대	28, 35
《조선왕조실록》	34
종묘	29
종묘 정전	29
종묘 제례	29
종묘 제례악	29

ㅊ
창경궁	31
창경궁 자격루 누기	30
창덕궁	31
철기 시대	6, 7
철도	37
철불	20
철원 도피안사 철조 비로자나불 좌상	17
철제 판갑옷	12
청동기 시대	5, 7
청자	22, 24
청자 동화연화문 표주박모양 주전자	24
청자 상감 용봉모란문 합 및 탁	24
청자 상감 운학문 매병	22
청화백자	32
충주 정토사지 홍법국사탑	21
충주 정토사지 홍법국사탑비	21
충주 탑평리 7층 석탑	17

ㅌ
탑골공원	38
태극기	37
태화관	38
통일 신라	14

ㅍ
팔작지붕	25
평양	9
평양성	8
평창 월정사 8각 9층 석탑	21
표충사 청동 은입사 향완	23
풍경	21

ㅎ
하남 철조 석가여래 좌상	20
한양	28
합천 해인사 대장경판	23
합천 해인사 장경판전	23
해동성국	19
해뜷음무늬 금동장식	8
〈혼일강리역대국도지도〉	29
혼천의 및 혼천시계	31
환구단	37
활자 인쇄	23
황남대총	10
황룡사 9층 목탑	12
훈민정음	29
흥선대원군 경고비	36
흥왕사명 청동	24
흥인지문	28

3·1운동	38
4대문	28

글 이광표

서울대학교 고고미술사학과, 홍익대 대학원 미술사학과(석사), 고려대 대학원 문화유산학과(박사)를 졸업했습니다.
오랫동안 동아일보에서 문화재 기자로 일했고 현재는 서원대학교 교수로 재직 중입니다.
지은 책으로는 《한눈에 펼쳐보는 우리 명화 그림책》, 《한 권으로 보는 그림 문화재 백과》, 《명작은 어떻게 만들어지는가》,
《근대 유산, 그 기억과 향유》, 《문화재 가치의 재발견》, 《손 안의 박물관》 등이 있습니다.

그림 이혁

어린이 친구들을 위한 재미있고 유익한 그림을 그리고 있습니다.
그린 책으로는 《한눈에 펼쳐보는 우리 명화 그림책》, 《한눈에 펼쳐보는 세시 풍속 그림책》, 《한눈에 펼쳐보는 24절기 그림책》,
《한눈에 펼쳐보는 한국사 연표 그림책》, 《한눈에 펼쳐보는 대동여지도》, 《한 권으로 보는 그림 한국사 백과》,
《오늘은, 별자리 여행》, 《아하! 그땐 이렇게 살았군요》, 《그림 성경 100대 인물》 등이 있습니다.

한눈에 펼쳐보는
문화유산 그림책

1쇄 • 2023년 8월 29일　**3쇄** • 2024년 11월 1일　**글** • 이광표　**그림** • 이혁　**발행인** • 허진　**발행처** • 진선출판사(주)
편집 • 이미선, 김경미, 최윤선, 최지혜　**디자인** • 고은정　**총무/마케팅** • 유재수, 나미영, 허인화
주소 • 서울시 종로구 삼일대로 457 (경운동 88번지) 수운회관 15층　전화 (02)720-5990　팩스 (02)739-2129　홈페이지 www.jinsun.co.kr
등록 • 1975년 9월 3일 10-92　※책값은 뒤표지에 있습니다.　ISBN 979-11-93003-08-4 74000　ISBN 978-89-7221-634-6 (세트)
ⓒ 진선출판사(주), 2023

진선아이는 진선출판사의 어린이책 브랜드입니다.
마음과 생각을 키워 주는 책으로 어린이들의 건강한 성장을 돕겠습니다.